警察系列

論交通事故
與交通執法

張文菘　著

五南圖書出版公司 印行

序　言

　　歷任警政首長揭櫫警政工作的兩大任務——治安與交通，交通層面主要以交通事故與交通執法為核心，本書共分為14章論述。

　　目前我國車禍數量一年已超過50萬件，對各地交通（大）隊與派出所都是一項很沉重的工作，更是民眾所關心者，本書所論述包括：警察處理交通事故的各項缺失、交通事故案例之探討、當事人所關心的肇事原因探討、以及如何精進交通事故策進作為，以確實保障民眾的重要權益等。另交通執法往往產生諸多爭議，筆者發現當中爭點多與正當程序有關聯，因此，特別闡述正當程序與各舉發案例間的關聯缺漏，並探討酒駕衍生的各項問題，包括：酒駕執法實務探討、酒駕防制策略分析、與酒駕刑事司法體系探討。冀望藉由本書之探討能讓讀者更深入了解酒駕問題的全貌；同時能增進警察執法的效益，以符合法治國的原則與精神。

　　交通工作是相當繁重的警察任務之一，也是民眾所關切者，不論交通事故或交通執法，皆攸關民眾在民事、刑事、行政上的權益，筆者關切如何能有效兼顧民眾的權益與社會期待，除希望協助執法者達成執法上的目的，同時亦能幫助民眾保護自身的重要權益。

張文菘　謹識

106年12月25日

目　錄

壹、緒論

　　道路交通事故倘若發生，所有當事人所關注者往往就是事故發生的原因探究，肇事原因分析攸關幾項重大因素，包括：當事人的駕駛行為、現行的法令規範、現場的交通管制設施等。

　　為能達成上述的目的，交通事故現場勘察與蒐證甚為重要，包括：對人、車、物、痕、跡證、道路交通設施之各項蒐證工作，以及筆錄製作、監視錄影畫面與行車紀錄器的蒐證，以充分了解肇事各方當事人的駕駛行為及其相關可能的影響因素。

　　本文以個案分析方式來探討自行車左轉之事故，主要透過現場圖、照片及監視器予以檢視、分析各項跡證，以釐清道路交通事故案件如何發生、為何發生，進一步確定肇事的原因，期能維護民眾之重大權益。

貳、交通事故案例

一、案由

　　本案發生於105年12月某日早上，肇事地點位於某縣市興華路與中一路口。本案件有2位當事人，第一位是機車駕駛，行經興華路至事故路口時，不慎與同向右側要進行左轉的自行車，發生碰撞[1]。

　　高姓機車駕駛表示：我一路直行興華路，來到事故路口時，對方在我的右前方，當時紅綠燈要變換，所以我要加速通過路口，但對方從我的右側左

---

[1]　為遵守個資法規定，案例中的資料包括詳細日期及當事人資料，無法全部呈現。

轉，於是發生碰撞。

　　第二位是林姓自行車駕駛表示：我沿興華路右側行駛，來到事故路口時要左轉，我當時緩緩前進注意前後有無來車，見前後沒車時便開始左轉，轉到一半，對方突然向我滑行衝來，然後發生碰撞。

二、交通事故現場概況分析

（一）交通事故拍攝照片分析

　　圖1-1顯示為駕駛雙方車輛最後終止的位置。黑色箭頭所指為A車機車的位置，白色箭頭所指為B車自行車的倒地位置。

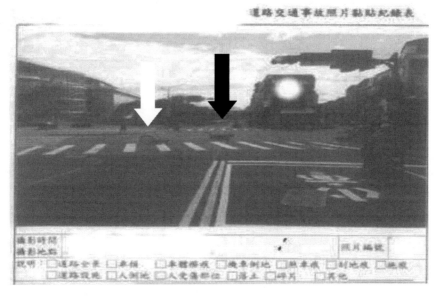

圖1-1　A車機車、B車自行車最後終止的位置

圖1-2　A車機車倒地的近照

圖1-3　B車自行車倒地的近照

圖1-4　雙方行車方向的逆景狀況

圖1-5　B車自行車的車尾狀況

圖1-6　B車自行車的右側狀況

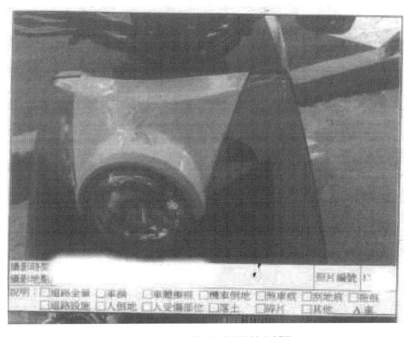

圖1-7　A車機車車頭的近照

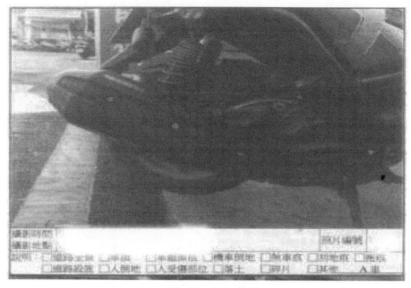

圖1-8　A車機車右側車身的近照

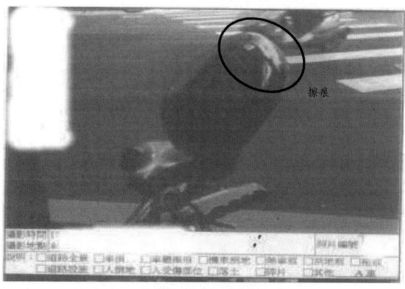

圖1-9　A車機車後照鏡擦痕的近照

（二）交通事故現場圖分析

　　圖1-10顯示為此次案件的道路交通事故現場圖。以箭頭①所指示者為

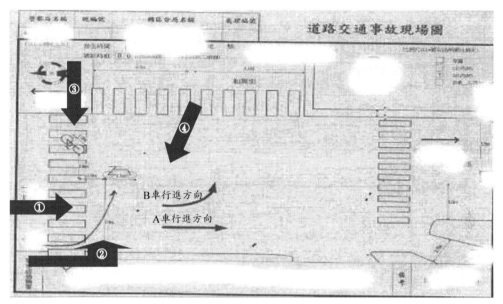

圖1-10 道路交通事故現場圖

A車直行機車所行駛的方向；箭頭②顯示B車自行車左轉行駛的行向；箭頭③所指示者為B車自行車倒地的位置；箭頭④所指示者為A車機車倒地的位置。

三、案件爭點

依據道路交通安全規則第125條第1項第3款：慢車行駛至交岔路口，其行進或轉彎，應依標誌、標線或號誌之規定行駛，無標誌、標線或號誌者，應依第102條及下列規定行駛：三、左轉彎時，應繞越道路中心處左轉進入規定行駛車道內行進。但行駛於同向二車道以上之單行道右側車道或右側慢車道者，應依兩段方式進行左轉。[2]

本案例中之B車自行車左轉時是否有遵守上述法令並已盡應讓A車直行機車先行之義務？

---

[2] http://law.moj.gov.tw/，全國法規資料庫。交通部公路總局監理服務網：https://www.mvdis.gov.tw。

四、監視器畫面分析

（一）監視器畫面顯示雙方的相對位置

　　圖1-11至圖1-16顯示出：B車自行車一路直行於道路的右側，逐漸接近肇事路口，如白線所圈繪者；同時，可看見遠方直行的A車機車已出現也逐漸接近肇事的路口，如黑線所圈繪者。

圖1-11　　監視器56.49.5

圖1-12　　監視器56.50.4

圖1-13　監視器56.51.2

圖1-14　監視器56.52.2

B車自行車位置（暫被某機車遮擋住）

圖1-15　監視器56.53.3

圖1-16　監視器56.54.1

（二）A車機車閃避自巷口衝出機車之狀況

　　圖1-15至1-17監視器畫面顯示，箭頭①所指的某機車從不明的巷口駛出時，因未減速而轉彎的幅度過大，所以，A車機車作了一個向左閃的動作而偏向內側。

（三）A車機車閃避自另一巷口衝出機車之狀況

　　圖1-15至圖1-19監視器畫面顯示，箭頭②所指的某機車從不明的巷口駛出時，也因未減速而轉彎的幅度過大，A車機車再做了一個向左閃的動作致使車輪壓到分向限制線。

　　同時，由圖中白線所圈繪的B車自行車也開始明顯的進行左轉，導致A車機車緊急煞車。

圖1-17　　監視器56.55.1

圖1-18　監視器56.55.6

圖1-19　監視器56.56.4

（四）A車機車自摔倒地滑行之狀況

圖1-20顯示：黑圈處之A車直行機車因為採取緊急煞車動作，車身持續偏斜而自摔的情形。

（五）雙方發生碰撞之狀況

圖1-21顯示：A車直行機車倒地後往前滑行並與B車自行車發生碰撞的狀況。

圖1-20　監視器56.57.2

圖1-21　監視器56.57.6

圖1-22　監視器56.58.2

五、駕駛行為與法律分析

依據道路交通安全規則第125條第1項第3款：慢車行駛至交岔路口，其行進或轉彎，應依標誌、標線或號誌之規定行駛，無標誌、標線或號誌者，應依第102條及下列規定行駛：三、左轉彎時，應繞越道路中心處左轉進入規定行駛車道內行進。但行駛於同向二車道以上之單行道右側車道或右側慢車道者，應依兩段方式進行左轉。[3]

本案肇事的路口依現場圖及相關的照片跡證顯示並無設置「機慢車兩段左（右）轉標誌」，故B車自行車於該路口左轉時，自應依據道路交通安全規則第125條第1項第3款規定所述，應依第102條規定行駛。復依據第102條第1項第3款規定：汽車行駛至交岔路口，其行進、轉彎，應依下列規定：五、左轉彎時，應距交岔路口30公尺前顯示方向燈或手勢，換入內側車道或左轉車道，行至交岔路口中心處左轉，並不得占用來車道搶先左轉。

分析本案監視器畫面前，先說明本案雖然僅有A、B兩方，分別以黑線圈繪及白線圈繪代表；惟另有2臺機車的行為值得關注，分別以箭頭①及箭頭②表示。

透過監視器的影像分析：圖1-11至圖1-14監視器畫面56.49.5～56.52.2顯示，本案例中B車自行車尚未左轉之前，係一直沿道路的右側行駛，如白線所圈繪者；同時，可看見遠後方直行的A車機車，如黑線所圈繪者。

透過監視器的影像分析：圖1-15監視器畫面56.53.3顯示，此時本案例中B車自行車被另一輛經過的機車所遮擋，如白虛線所圈繪者；同時，可看見直行的A車機車，如黑線所圈繪者。

透過監視器的影像分析：圖1-16監視器畫面56.54.1顯示，當白虛線所圈繪的另一輛機車通過後，又可看見B車自行車，如白線所圈繪者。

透過監視器的影像分析：圖1-15至圖1-17監視器畫面顯示，箭頭①所指的某機車從巷口駛出時，因未減速而轉彎的幅度過大，因此，A車機車作了一個向左閃的動作而偏向內側。

透過監視器的影像分析：圖1-15至圖1-19監視器畫面56.53.3～56.56.4

---

[3] http://law.moj.gov.tw/，全國法規資料庫。交通部公路總局監理服務網：https://www.mvdis.gov.tw。

顯示，箭頭②所指的某機車從路旁起駛時，由於起步加速及幅度過大之故，致使A車機車為避免碰撞，再作了一個向左閃的動作，因而輪胎壓到分向限制線。圖1-19監視器畫面顯示，箭頭②所指的某機車隨即回到偏右的路旁。

透過監視器的影像分析：圖1-19監視器畫面56.56.4顯示，B車自行車在此時明顯的要進行左轉的動作，而A車機車此時發現時，隨即緊急煞車，由圖1-20監視器56.57.2顯示，A車機車緊急煞車後隨即自摔。

透過監視器的影像分析：圖1-21至圖1-22監視器畫面56.57.6～56.58.2顯示，兩造雙方發生碰撞後以及分離的情形。

駕駛人從真正察覺危險，而告訴自己應採取何種必要的閃避行動，而閃避行為產生所需要的反應時間，一般可採取0.75秒來滿足現場偵查需要[4]。本案件，圖1-19監視器畫面56.56.4顯示，B車自行車駕駛人明顯進行左轉之動作，此時A車機車緊急煞車；圖1-20監視器畫面56.57.2顯示，B車自行車駕駛人自摔；圖1-21監視器畫面56.57.6顯示，雙方發生碰撞後以及分離的情形。亦即從駕駛人察覺危險至雙方撞撞，僅歷時0.4秒，低於0.75秒。

所以，本案件A車機車駕駛人無足夠的反應時間因應B車自行車駕駛人的左轉動作，因此，機車駕駛人確實有不及反應之處，同時，B車自行車駕駛人並未遵守慢車左轉的法令規範，為本件車禍之肇事原因。

參、結語

道路上的自行車日益增多，駕駛人是否充分了解行進與轉彎時應遵守的相關法令，值得主管單位關注與再加強教育，依據道路交通安全規則第125條第1項第3款：慢車行駛至交岔路口，其行進或轉彎，應依標誌、標線或號誌之規定行駛，無標誌、標線或號誌者，應依第102條及下列規定行駛：三、左轉彎時，應繞越道路中心處左轉進入規定行駛車道內行進。但行駛於同向二車道以上之單行道右側車道或右側慢車道者，應依兩段方式進行左轉。[5]

---

[4] 蘇志強（2010），交通事故偵查理論與實務，自版。
[5] http://law.moj.gov.tw/，全國法規資料庫。交通部公路總局監理服務網：https://www.mvdis.gov.tw。

　　惟本案中的肇事路口依警方所蒐集的跡證顯示並無設置「機慢車兩段左轉標誌」，故B車自行車於該路口左轉時，自應依據道路交通安全規則第125條第1項第3款規定，應依第102條規定行駛。復依據第102條第1項第3款規定：汽車行駛至交岔路口，其行進、轉彎，應依下列規定：五、左轉彎時，應距交岔路口30公尺前顯示方向燈或手勢，換入內側車道或左轉車道，行至交岔路口中心處左轉，並不得占用來車道搶先左轉。

　　本文所探討的案例為左轉的自行車與直行機車的肇事類型，為釐清肇事原因，筆者因此探討案例中之左轉自行車駕駛於左轉時是否有遵守上述左轉的法令規範並是否已盡應讓直行車輛先行之義務？

　　交通事故的原因分析工作攸關民眾的重大權益，以本文為例，原因探討的過程仰賴現場圖、照片、筆錄及監視錄影等，因此，第一線的警察處理同仁責無旁貸要做好各項蒐證工作，包括：人、車、物、痕、跡證、道路交通設施等，以及筆錄製作，以充分了解肇事各方當事人的駕駛行為及其相關可能的影響因素，事後方能順利的進行肇事重建，還原事故發生的過程，以得到正確的事故原因分析結果。

參考文獻

蘇志強（2010），交通事故偵查理論與實務，自版。

全國法規資料庫：http://law.moj.gov.tw/。

交通部公路總局監理服務網：https://www.mvdis.gov.tw。

壹、緒論

　　道路交通事故一旦發生攸關民眾刑事、民事與行政等各項重大權益甚鉅，是以，警察同仁處理時本應俱備交通專業素養、細心蒐證、以及秉持公正公平之立場。進一步對於道路交通事故發生的原因探究，是所有當事人所關注者，肇事原因分析攸關幾項重大因素，包括：當事人的駕駛行為、現行的法令規範、現場的交通管制設施等。

　　為能達成上述的目的，交通事故現場勘察與蒐證甚為重要，包括：對人、車、物、痕、跡證、道路交通設施之各項蒐證工作，以及筆錄製作、監視錄影畫面與行車紀錄器的蒐證，以充分了解肇事各方當事人的駕駛行為，及其相關可能的影響因素。

　　本文主要以個案分析方式來探討相同類型的道路交通事故，俾提供教學及鑑定實務機關分析交通事故之重要參考依據，期能維護民眾之重大權益。

貳、交通事故案例一

一、案由

　　本案發生於104年12月某日晚間，肇事地點位於某縣市德一路與仁愛路口。本案件有2位當事人，第一位是自小客車駕駛，行經德一路至事故路口時，要進行左轉，不慎與對向直行的機車發生碰撞[1]。

　　第一位是黃姓自小客車駕駛表示：行經德一路來到事故路口時，號誌為

---

[1]　為遵守個資法規定，案例中的資料包括詳細日期及當事人資料，無法全部呈現。

綠燈，當時我有打左方向燈，準備左轉仁愛路，左轉前我有看到對向有車，對向來車與我車的距離我判斷不出來，但我確定這個距離我可以左轉過去，所以我就開始左轉，左轉之後我感覺右前車門有碰撞聲，立即下車查看，當時時速是20～30公里。

　　第二位是楊姓機車駕駛死亡。

二、交通事故現場概況分析

（一）交通事故拍攝照片分析

　　圖2-1顯示為駕駛雙方車輛最後終止的位置。黑色箭頭所指為A車自小客車的位置，白色箭頭所指為B車機車的倒地位置。

圖2-1　A車自小客車、B車機車最後終止的位置

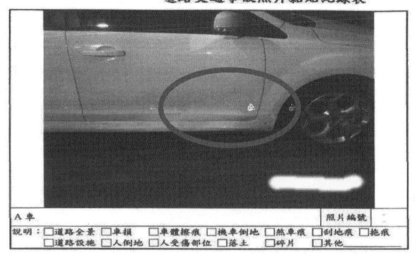

圖2-2　A車自小客車右側的車損狀況I

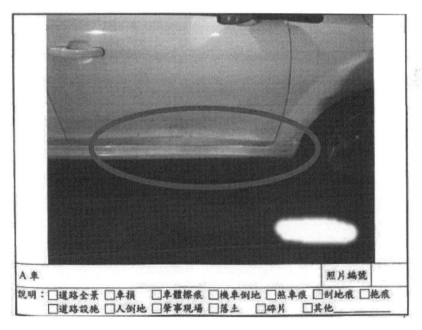

圖2-3　A車自小客車右側的車損狀況II

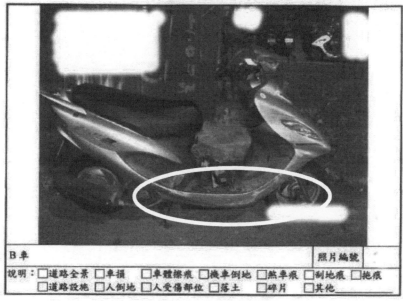

圖2-4　B車機車右側的車損狀況

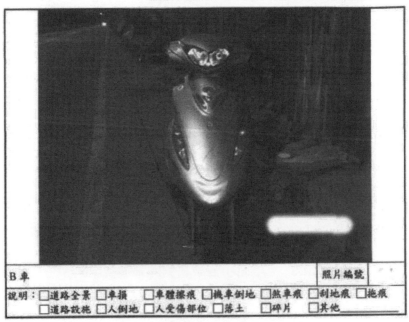

圖2-5　B車機車的車頭狀況

（二）交通事故現場圖分析

　　圖2-6顯示為此次案件的道路交通事故現場圖。以黑線所圈繪者為B車直行機車所行駛的方向；箭頭①顯示A車自小客車左轉行駛的行向；箭頭②所指示者為B車機車倒地所留下的刮地痕跡。

三、案件一爭點

　　依據道路交通安全規則第102條第1項第7款：轉彎車應讓直行車先行。

　　本案例中之A車自小客車左轉時是否有遵守上述法令已盡應讓對向B車直行機車先行之義務？

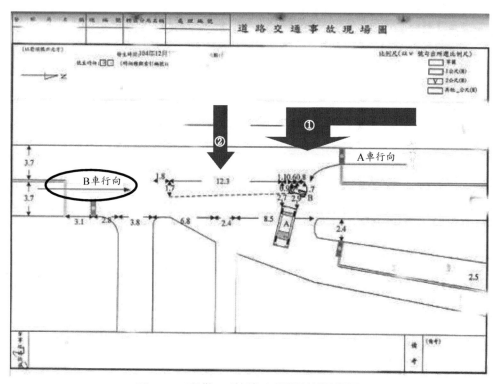

圖2-6　案件一道路交通事故現場圖

四、行車紀錄器畫面分析

（一）自小客車於號誌路口前視界狀況

　　圖2-7至圖2-12顯示出：A車自小客車一路直行於內側車道，逐漸接近肇事路口，駕駛人於停止線前已能看見對向有直行車輛，且對向直行車輛有開啟頭燈，如白線所圈繪者。

圖2-7　自小客車行車紀錄器43.52前景1

圖2-8　自小客車行車紀錄器43.53前景2

圖2-9　自小客車行車紀錄器43.54前景3

圖2-10　自小客車行車紀錄器43.55：清晰可見B車機車

圖2-11　自小客車行車紀錄器43.56：清晰可見B車機車

圖2-12　自小客車行車紀錄器43.57：清晰可見B車機車

（二）自小客車越過停止線左轉之狀況

　　圖2-13顯示出：自小客車駕駛人剛通過停止線即開始左轉之情形。圖2-14顯示出：自小客車駕駛人明顯進行左轉之動作，此時對向直行的B車機車已進入路口；圖2-15顯示：B車直行機車對於左轉的自小客車採取了一個緊急煞車動作，此時車身有偏斜的情形。

圖2-13　自小客車行車紀錄器43.57：A車開始左轉

圖2-14　自小客車行車紀錄器43.58：A車明顯進行左轉

圖2-15　自小客車行車紀錄器43.58：B車機車緊急煞車

（三）機車倒地滑行之狀況

　　圖2-16至圖2-17顯示：B車直行機車因為採取緊急煞車動作，車身持續偏斜而自摔的情形。

圖2-16　自小客車行車紀錄器43.59：B車緊急煞車車身偏斜

圖2-17　自小客車行車紀錄器43.59：B車機車自摔

五、駕駛行為與法律分析

依據道路交通安全規則第102條第1項第7款：轉彎車應讓直行車先行[2]。透過A車行車紀錄器的影像分析：圖2-7至圖2-9自小客車行車紀錄器43.52至43.54前景顯示，本案例中左轉的A車自小客車直行時已能看見對向有開啟大燈的車輛。當時行車號誌為圓形綠燈，故自小客車依當時號誌指示是可以進行左轉的動作，惟其左轉時是否有盡轉彎車應讓直行車先行之義務？

圖2-10自小客車行車紀錄器43.55顯示，自小客車當時尚在停止線前約20公尺，對向的機車清晰可見。圖2-11自小客車行車紀錄器43.56顯示，自小客車當時尚在停止線前約10公尺，對向的機車同時已接近路口。

圖2-13自小客車行車紀錄器43.57顯示，自小客車駕駛人剛通過停止線即開始左轉之情形；圖2-14自小客車行車紀錄器43.58顯示，自小客車駕駛人明顯進行左轉之動作，此時對向直行機車已進入路口；圖2-15自小客車行車紀錄器43.58顯示，B車直行機車對於左轉的自小客車採取了一個緊急煞車動作，此時車身有偏斜的情形。

圖2-16至圖2-17自小客車行車紀錄器43.59顯示，B車直行機車因為採取緊急煞車動作，車身持續嚴重偏斜而自摔的情形。

本案A車自小客車駕駛雖然有開啟方向燈，惟依法方向燈並不代表路權的優先，僅是告知其他用路人當事人要進行的轉彎動作。

A車自小客車駕駛於行車紀錄器顯示的時間43.55時，即已看見對向有來車。A車自小客車駕駛於行車紀錄器顯示的時間43.57時，剛通過停止線即直接左轉，完全沒有停等的動作，而是一個連續的動作；對於A車直接左轉的動作，B車直行機車於43.58時，採取了緊急煞車動作回應措施，因此，車身有偏斜的情形，如圖2-15。B車直行機車於43.59時，車身持續嚴重偏斜並自摔，如圖2-16至圖2-17。

駕駛人從真正察覺危險，而告訴自己應採取何種必要的閃避行動，而閃避行為產生所需要的反應時間，一般可採取0.75秒來滿足現場偵查需要[3]。

---

[2] http://law.moj.gov.tw/，全國法規資料庫。交通部公路總局監理服務網：https://www.mvdis.gov.tw。

[3] 蘇志強（2010），交通事故偵查理論與實務，自版。

本案件，自小客車行車紀錄器43.58顯示，自小客車駕駛人明顯進行左轉之動作，此時對向直行機車已進入路口；同時，直行機車對於自小客車的左轉動作採取了一個緊急煞車動作，此時車身有偏斜的情形。自小客車行車紀錄器43.59顯示，直行機車因為採取緊急煞車動作，車身持續嚴重偏斜而自摔的情形。

　　所以，本案件的機車駕駛人無足夠的反應時間因應對向自小客車的左轉動作，因此，機車駕駛人確實有不及反應之處，故A車自小客車駕駛人有未盡轉彎車應讓直行車先行之義務（道路交通安全規則第102條第7款），為本件車禍之肇事原因。

參、交通事故案例二

一、案由

　　本案發生於105年11月某日下午，肇事地點位於某縣市忠孝路。本案件有2位當事人，一位是自小客車駕駛，沿忠孝路行駛欲左轉忠孝路80巷時，與對向直行的機車發生碰撞[4]。

　　第一位自小客車駕駛表示：我沿忠孝路東往西方向，欲左轉忠孝路80巷時，有一輛大貨車已停下，我就往前開，對方就撞上我，發現危險時距離約10公尺。撞擊位置為右前車門，時速約5公里，現場已移動。

　　第二位機車駕駛表示：我沿忠孝路西往東方向，在忠孝路80巷口時，我都騎很慢，在該路口突然左側有一臺自小客車橫越路口往80巷內方向，我閃避不及，煞車也來不及，撞擊部位為前車頭。

二、交通事故現場概況分析

（一）交通事故拍攝照片分析

　　圖2-18、圖2-19以灰線所圈繪者為B車直行機車的車頭車損狀況。圖2-20、圖2-21以灰線所圈繪者為A車左轉自小客車的左側車身車損狀況。

4　為遵守個資法規定，案例中的資料包括詳細日期及當事人資料，無法全部呈現。

道路交通事故照片黏貼紀錄表

案件編號：

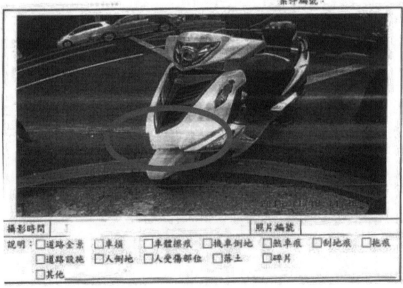

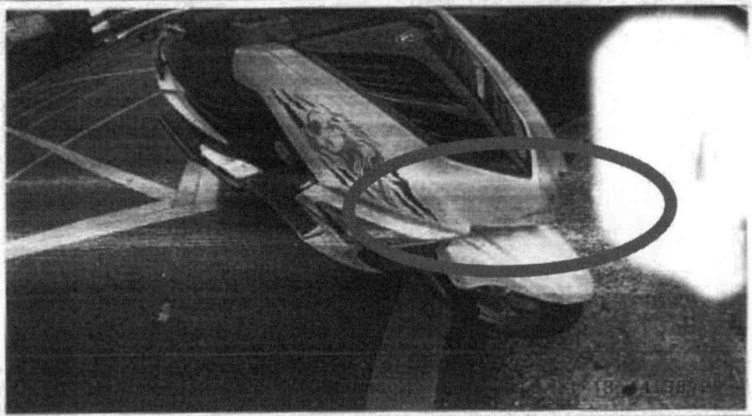

攝影時間	1 年 月 3	照片編號	

說明：□道路全景 □車損 □車體擦痕 □機車倒地 □煞車痕 □刮地痕 □拖痕
□道路設施 □人倒地 □人受傷部位 □落土 □碎片
□其他

圖2-18　B車機車車損狀況1

道路交通事故照片黏貼紀錄表

案件編號：

攝影時間	1	照片編號	

說明：□道路全景 □車損 □車體擦痕 □機車倒地 □煞車痕 □刮地痕 □拖痕
□道路設施 □人倒地 □人受傷部位 □落土 □碎片
□其他

圖2-19　B車機車車損狀況2

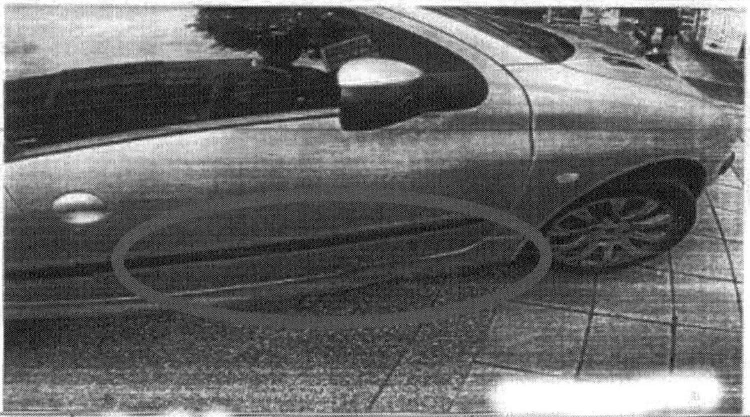

圖2-20　A車自小客車車損狀況1

圖2-21　A車自小客車車損狀況2

（二）交通事故現場圖分析

　　圖2-22顯示為此次案件的道路交通事故現場圖。以灰色箭頭所指示者為自小客車行駛左轉的方向，如灰線所圈繪者警方註明A車的自述行向；黑色箭頭所指示者為機車直行的方向，如黑線所圈繪者警方註明B車的自述行向。虛線所圈繪者為警方註記「雙方已移動」。

三、案件二爭點

　　依據道路交通安全規則第102條第1項第7款：轉彎車應讓直行車先行。

　　本案例中之A車自小客車左轉時是否有遵守上述法令已盡應讓對向直行的B車機車先行之義務？

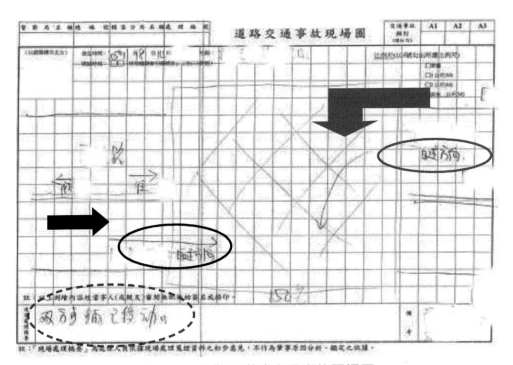

圖2-22　案件二道路交通事故現場圖

四、監視器畫面分析

（一）自小客車進入黃網線路口的狀況

　　圖2-23至圖2-24顯示出：箭頭②所指為A車自小客車進入黃網線的狀況。同時，其對向有一聯結車以箭頭①所指亦接近中。

圖2-23　　監視錄影52.20：A車進入黃網線

圖2-24　　監視錄影52.21：A車進入黃網線

（二）自小客車於路口準備左轉的狀況

圖2-25顯示，箭頭①所指聯結車暫停於黃網線路口前方。箭頭②所指為A車自小客車準備左轉，圖2-26顯示出：A車自小客車開始左轉。

圖2-25　監視錄影52.22：A車準備左轉

圖2-26　監視錄影52.23：A車開始左轉

（三）自小客車於路口持續左轉的狀況

圖2-27顯示，箭頭②所指A車自小客車持續左轉中，圖2-28顯示，箭頭③所指B車直行機車出現接近路口。

圖2-27 監視錄影52.24：A車持續左轉

圖2-28 監視錄影52.25：B車機車出現

（四）雙方碰撞前的狀況

圖2-29　監視錄影52.25：雙方即將碰撞

圖2-30　監視錄影52.26：雙方碰撞前

圖2-31　監視錄影52.26：雙方碰撞

（五）雙方碰撞的狀況

　　圖2-31顯示，A車自小客車與B車直行機車碰撞的狀況。本案無人受傷死亡，為一單純的A3交通事故[5]。

五、駕駛行為與法律分析

　　依據道路交通安全規則第102條第1項第7款：轉彎車應讓直行車先行[6]。

　　透過監視錄影畫面的影像分析：圖2-23至圖2-24監視畫面52.20～52.21顯示，A車自小客車已進入黃網線，同時，其對向有一聯結車亦逐漸接近黃網線；圖2-25監視畫面52.22顯示，聯結車已暫停於黃網線路口前方，此時，A車自小客車準備左轉；圖2-26監視畫面52.23顯示，A車自小客車開始左轉；圖2-27監視畫面52.24顯示，A車自小客車持續左轉中。惟直行的B車機車尚未出現，由於聯結車暫停於內側車道，此時雙方均無法看見對方。圖2-28至圖2-29監視畫面52.25顯示，B車直行機車出現接近路口。雖然彼此已能看見對方，但距離僅約10餘公尺，且逐漸縮短10公尺內；圖2-30監視畫面

5　依道路交通事故處理規範第二點（七）規定：A3類交通事故指僅有財物損失之交通事故。
6　http://law.moj.gov.tw/，全國法規資料庫。

52.26顯示，雙方碰撞前的一刻及雙方碰撞。

　　駕駛人從眞正察覺危險，而告訴自己應採取何種必要的閃避行動，而閃避行爲產生所需要的反應時間，一般可採取0.75秒來滿足現場偵查需要[7]。本案A車自小客車駕駛雖然有開啓方向燈，但由於聯結車暫停於內側車道，造成雙方視線的障礙，均無法看見對方。監視錄影52.25顯示：B車機車出現，自小客車駕駛人持續左轉，此時，彼此能看見對方；監視錄影52.26顯示：雙方碰撞。

　　所以，本案件的機車駕駛人無足夠的反應時間因應對向A車自小客車的左轉動作，因此，機車駕駛人確實有不及反應之處，故A車自小客車駕駛人有未盡轉彎車應讓直行車先行之義務，爲本件車禍之肇事原因。

肆、交通事故案例三

一、案由

　　本案發生於105年10月某日下午，肇事地點位於某縣市正德路。本案件有2位當事人，一位是機車駕駛，沿正德路由西往東方向行駛，行經肇事地點時，與左轉的機車發生碰撞[8]。

　　第一位王姓機車駕駛表示：肇事前，我車停等在正德路50巷口對面的水溝蓋上，大概等了3～4分鐘，對方從對面斜衝過來，發生碰撞，我50～60公尺前就發現對方。撞擊部位爲前輪，車輛沒有移動。行車速度0公里。

　　第二位陳姓機車駕駛表示：肇事前，我沿正德路由西往東方向行駛，至肇事地點，對方橫的停放在道路中，我閃避不及。發現危險時距離一臺汽車距離，撞擊部位爲前輪，行車速度自述40～50公里。

二、交通事故現場概況分析

（一）交通事故拍攝照片分析

　　圖2-32至圖2-34顯示爲雙方最終倒地與散落物的位置，箭頭①所指爲A

---

[7] 蘇志強（2010），交通事故偵查理論與實務，自版。
[8] 爲遵守個資法規定，案例中的資料包括詳細日期及當事人資料，無法全部呈現。

車、箭頭②所指為B車。

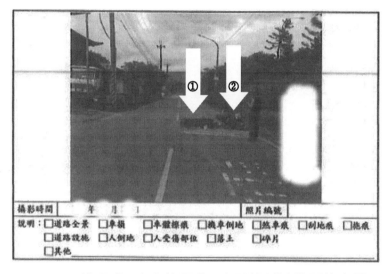

圖2-32　箭頭①A車與箭頭②B車最終倒地位置的中景

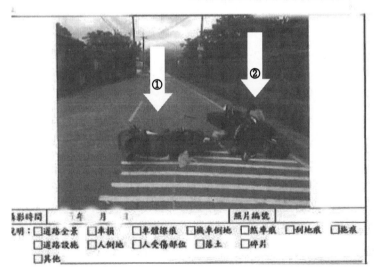

圖2-33　箭頭①A車與箭頭②B車最終倒地位置的順向近景

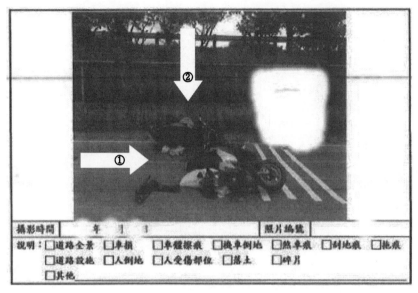

圖2-34　箭頭①A車與箭頭②B車最終倒地位置的橫向近景

　　圖2-35顯示為左轉A車的載物狀況，如白線所圈繪者；圖2-36顯示為B車的車頭車損狀況。

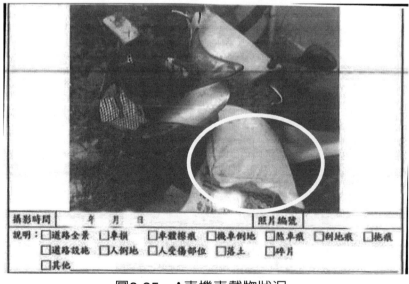

圖2-35　A車機車載物狀況

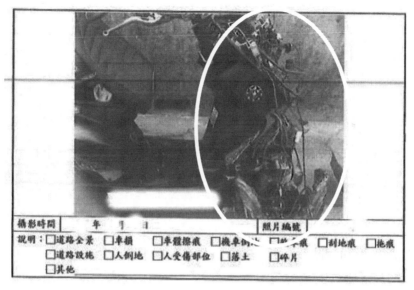

圖2-36　B車機車車頭車損狀況

（二）交通事故現場圖分析

　　圖2-37顯示為此次案件的道路交通事故現場圖。以箭頭①所指示者為A車機車行駛左轉的方向，如黑線所圈繪者警方註明B車行車紀錄器所顯示A車的行向；箭頭②所指示者為A車機車最後倒地停止的位置。以灰線所圈繪者警方註明B車行車紀錄器所顯示B車的行向；箭頭③所指示者為B車機車最後倒地停止的位置。

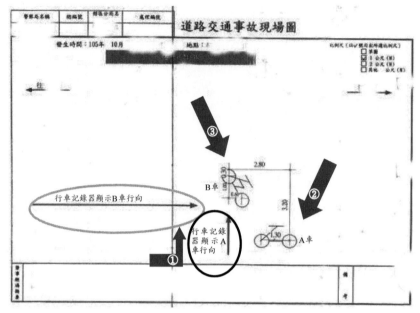

圖2-37　案件三道路交通事故現場圖

三、案件三爭點

　　依據道路交通安全規則第102條第1項第7款：轉彎車應讓直行車先行。依據同法第91條第1項第2款：左轉彎時，應先顯示車輛前後之左邊方向燈光，或由駕駛人表示左臂平伸，手掌向下之手勢。復依據同法第102條第1項第5款：左轉彎時，應距交岔路口30公尺前顯示方向燈或手勢，換入內側車道或左轉車道……。

　　本案例中左轉的A車是否有遵守上述法令已盡應讓同向B車直行機車先行之義務？本案例中之A車左轉時是否有遵守上述相關法令於30公尺前開啟方向燈？

四、行車紀錄器畫面分析

（一）B車機車直行前方狀況

　　圖2-38顯示出：B車機車直行時的前方狀況。

圖2-38 B車機車行車紀錄器54.33前景

圖2-39 B車機車行車紀錄器54.34：A車機車位於右前方

（二）B車機車直行前方狀況與A車機車

圖2-40　B車機車行車紀錄器54.35：A車機車位於右前方

圖2-41　B車機車行車紀錄器54.35：A車機車橫於前方

（三）雙方碰撞前狀況

圖2-42顯示出：雙方即將碰撞，A車機車並未開啓方向燈。

圖2-42　B車機車行車紀錄器54.36：即將碰撞

圖2-43　B車機車行車紀錄器54.36：碰撞前刹那

五、駕駛行為與法律分析

依據道路交通安全規則第102條第1項第7款：轉彎車應讓直行車先行[9]。透過B車行車紀錄器的影像分析：圖2-39至圖2-40之B車行車紀錄器54.34～54.35顯示，本案例中的A車位於道路的右側；圖2-41之B車行車紀錄器54.35顯示，A車機車橫於道路的中間；圖2-42至圖2-43之B車行車紀錄器54.36顯示，雙方即將碰撞，A車機車並未開啟方向燈。另依據圖2-35顯示，A車機車腳踏板因載有重物，因此，左轉過程非常緩慢。

駕駛人從真正察覺危險，而告訴自己應採取何種必要的閃避行動，而閃避行為產生所需要的反應時間，一般可採取0.75秒來滿足現場偵查需要[10]。本案A車機車駕駛並未開啟方向燈，行車紀錄器54.35顯示，A車橫於道路的中間；行車紀錄器54.36顯示：雙方碰撞剎那。本案件的A車駕駛並未依據道路交通安全規則第91條第1項第2款：左轉彎時，應先顯示車輛前後之左邊方向燈光……；及同法第102條第1項第5款：左轉彎時，應距交岔路口30公尺前顯示方向燈或手勢……。

綜合上述分析，本案件的機車駕駛人無足夠的反應時間因應A車機車的左轉動作，因此，機車駕駛人確實有不及反應之處，故A車機車駕駛人有未盡轉彎車應讓直行車先行之義務，為本件車禍之肇事原因。

本案例中的A車除轉彎車未讓直行車外，A車係由道路的右側路邊準備左轉到對向，亦涉及路邊起駛的路權規定，依據道路交通安全規則第89條第1項第7款：起駛前應顯示方向燈，注意前後左右有無障礙或車輛行人，並應讓行進中之車輛行人優先通行。

---

[9] http://law.moj.gov.tw/，全國法規資料庫。
[10] 蘇志強（2010），交通事故偵查理論與實務，自版。

伍、交通事故案例四

一、案由

　　本案發生於105年12月某日下午，肇事地點位於某縣市興德路與中山路口。本案件有2位當事人，一位是機車駕駛沿興德路由南往北直行，行至興德路與中山路口時，與右前方欲左轉中山路的自小客車發生碰撞[11]。

　　第一位駕駛自小客車駕駛表示：我沿興德路由南往北直行，至中山路口時，我欲左轉中山路，我有打方向燈，緩慢煞車等對向車輛通過，當我要左轉時，另一當事人騎乘機車從後方直行而來，撞擊到我的左前葉子板。時速約15公里。

　　第二位機車駕駛表示：肇事前，我沿興德路由南往北直行，行至興德路與中山路口時，我看見前方同向的自小客車準備左轉，我以為對方會停下查看，於是我從左方超車，對方剛好也左轉，於是發生碰撞。發現危險時距離約10公尺，撞擊部位為前車頭。自述時速約60公里。

二、交通事故現場概況分析

（一）交通事故拍攝照片分析

　　圖2-44顯示：肇事後雙方的最終位置；圖2-45顯示：肇事後雙方的最終位置與散落物，以灰線圈繪者為機車駕駛的安全帽；圖2-46顯示：雙方最終停止位置逆景；圖2-47顯示：A車自小客車左前方車損狀況；圖2-48顯示：A車自小客車的車頭車損狀況，如灰線圈繪者；圖2-49顯示：B車機車最後終止倒地與路旁電桿接觸的狀況。

---

[11] 為遵守個資法規定，案例中的資料包括詳細日期及當事人資料，無法全部呈現。

圖2-44　雙方倒地最終位置

圖2-45　雙方倒地最終位置與散落物

圖2-46　雙方倒地最終位置逆景

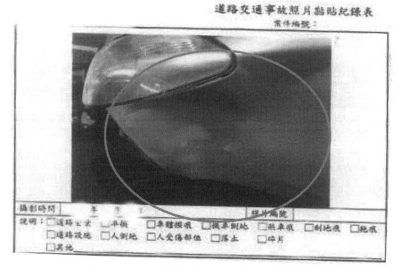

圖2-47　A車自小客車左前方車損狀況

圖2-48 A車自小客車的車頭車損狀況

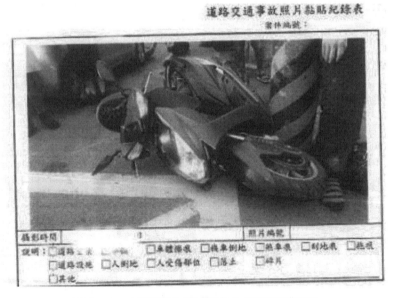

圖2-49 B車機車最後終止倒地的狀況

（二）交通事故現場圖分析

圖2-50顯示爲此次案件的道路交通事故現場圖。以箭頭①所指示者爲A車自小客車行駛左轉的方向，箭頭②所指示者爲A車自小客車最後停止的位置。以箭頭③所指示者爲B車機車直行的方向，箭頭④所指示者爲B車機車最後倒地停止的位置。

三、案件四爭點

依據道路交通安全規則第102條第1項第7款：轉彎車應讓直行車先行。復依據同法第102條第1項第5款：左轉彎時，應距交岔路口30公尺前顯示方向燈或手勢，換入內側車道或左轉車道……。

本案例中左轉的A車自小客車是否有遵守上述法令已盡應讓同向B車直行機車先行之義務？本案例中之A車左轉時是否有遵守上述相關法令於30公尺前開啓方向燈？

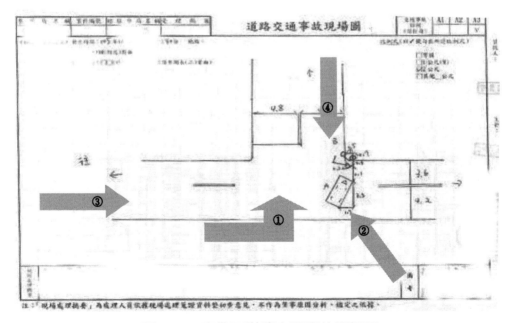

圖2-50　案件四道路交通事故現場圖

四、行車紀錄器畫面分析

（一）直行機車的視界狀況

　　圖2-51至圖2-52顯示出：B車機車直行時的前方狀況，此時A車自小客車停於道路右側且煞車燈亮起。圖2-53顯示出：A車自小客車繼續停於道路右側，煞車燈已熄滅。

圖2-51　機車行車紀錄器29.35：A車自小客車煞車燈亮起

圖2-52　機車行車紀錄器29.36：A車自小客車煞車燈持續亮起

圖2-53　機車行車紀錄器29.37：A車自小客車煞車燈熄滅

（二）自小客車左轉之狀況

　　圖2-54顯示：自小客車剛打方向燈，開始要左轉。圖2-55顯示出：自小客車明顯左轉，B車機車駕駛人因看見自小客車的左轉動作，而緊急採取煞車動作，導致機車車身傾斜。圖2-56顯示：自小客車持續進行左轉。

圖2-54　機車行車紀錄器29.38：A車自小客車剛開啓方向燈

圖2-55　機車行車紀錄器29.38：A車自小客車開始左轉

圖2-56　機車行車紀錄器29.39：A車自小客車持續左轉

（四）發生碰撞之狀況

圖2-57　機車行車紀錄器29.39：雙方碰撞前

圖2-58　機車行車紀錄器29.39：雙方碰撞

五、駕駛行為與法律分析

依據道路交通安全規則第102條第1項第7款：轉彎車應讓直行車先行[12]。透過B車機車行車紀錄器的影像分析：圖2-51至圖2-52行車紀錄器29.35～29.36顯示，本案例中的A車自小客車位於道路的右側且煞車燈亮起；圖2-53行車紀錄器29.37顯示，A車自小客車煞車燈熄滅；圖2-54行車紀錄器29.38顯示，A車自小客車剛開啟方向燈；圖2-55行車紀錄器29.38顯示，A車自小客車開始明顯的左轉；圖2-56行車紀錄器29.39：A車自小客車持續左轉；圖2-57至圖2-58行車紀錄器29.39：雙方最後的碰撞情形。

文中前已說明駕駛人從真正察覺危險，而告訴自己應採取何種必要的閃避行動，而閃避行為產生所需要的反應時間，一般可採取0.75秒來滿足現場偵查需要[13]。本案件的行車紀錄器29.38顯示，A車自小客車開始明顯的左轉；行車紀錄器29.39：雙方發生碰撞。A車駕駛並未依據道路交通安全規則第102條第1項第5款：左轉彎時，應距交岔路口30公尺前顯示方向燈或手勢……。

綜合以上分析，本案件的機車駕駛人無足夠的反應時間因應A車自小客車的左轉動作，因此，機車駕駛人確實有不及反應之處，故A車自小客車駕駛人有未盡轉彎車應讓直行車先行之義務，為本件車禍之肇事原因。

本案例中的A車除轉彎車未讓直行車外，A車係由道路的右側路邊準備左轉，亦涉及路邊起駛路權規定，依據道路交通安全規則第89條第1項第7款：起駛前應顯示方向燈，注意前後左右有無障礙或車輛行人，並應讓行進中之車輛行人優先通行。

陸、交通事故案例五

一、案由

本案發生於105年12月某日下午，肇事地點位於某縣市民生路。本案件

---

[12] http://law.moj.gov.tw/，全國法規資料庫。
[13] 蘇志強（2010），交通事故偵查理論與實務，自版。

有2位當事人，第一位是機車駕駛，行經民生路，至事故地點時，要進行左轉，不慎與同向後方直行的機車發生碰撞[14]。

第一位是林姓機車駕駛表示：我行經民生路由西往東，來到事故地點時，正要去事故地點處的店家，我印象中有觀看左側後視鏡，看到後方有一黑點往我這邊過來，這黑點可能是對方機車，接著我就不醒人事。我有開啓方向燈，但可以說是開啓的同時就發生碰撞。我是在靜止的狀態，是對方來撞我。

第二位是萬姓機車駕駛表示：我行經民生路由西往東，正要回家，快行至事故地點處，約4～5臺機車距離，看見路中有一機車行駛，約呈現靜止狀態，因該車沒亮方向燈，等接近對方時已來不及煞車，碰撞部位是車頭。

二、交通事故現場概況分析

（一）交通事故拍攝照片分析

圖2-59、圖2-60顯示爲雙方最終倒地與散落物的位置，黑色箭頭所指爲A車、白色箭頭所指爲B車，以白線所圈繪者爲散落物；圖2-61顯示爲A車機車後方車牌車損狀況，如白線所圈繪者；圖2-62顯示爲A車機車右側車損狀況。

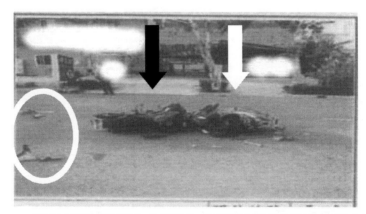

圖2-59　黑色箭頭A車與白色箭頭B車倒地位置與散落物橫向近景

---

[14] 爲遵守個資法規定，案例中的資料包括詳細日期及當事人資料，無法全部呈現。

圖2-60　黑色箭頭A車與白色箭頭B車倒地位置與散落物順向近景

圖2-61　A車機車後方車牌車損狀況

圖2-62　A車機車右側車損狀況

　　圖2-63顯示爲B車機車車頭車損狀況；圖2-64顯示爲B車機車右側車損狀況。

圖2-63　B車機車車頭車損狀況

圖2-64　B車機車右側車損狀況

（二）交通事故場圖分析

　　圖2-65顯示為此次案件的道路交通事故現場圖。以箭頭①所指示者為A車機車行駛左轉的方向，箭頭②所指示者為A車機車最終倒地的位置。以灰色線圈所指示者為B車機車直行的方向，箭頭③所指示者為B車機車最後倒地的位置。

三、案件五爭點

　　依據道路交通安全規則第102條第1項第7款：轉彎車應讓直行車先行。依據同法第91條第1項第2款：左轉彎時，應先顯示車輛前後之左邊方向燈光，或由駕駛人表示左臂平伸，手掌向下之手勢。復依據同法第102條第1項第5款：左轉彎時，應距交岔路口30公尺前顯示方向燈或手勢，換入內側車道或左轉車道……。

　　本案例中之A車左轉時是否有遵守上述法令已盡應讓同向B車直行機車先行之義務？本案例中之A車左轉時是否有遵守上述相關法令於30公尺前依規定開啟方向燈？

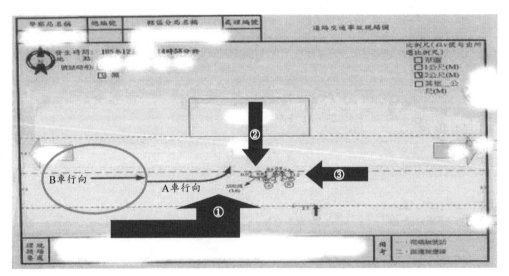

圖2-65　案件五道路交通事故現場圖

四、行車紀錄器畫面分析

（一）A車機車直行行駛的狀況

　　圖2-66至圖2-68顯示出：A車機車直行行駛的狀況，駕駛人踩煞車，煞車燈亮起。

圖2-66　自小客車行車紀錄器57.06：A車機車亮起煞車燈

圖2-67　自小客車行車紀錄器57.06：A車機車亮起煞車燈

圖2-68　自小客車行車紀錄器57.07：A車機車亮起煞車燈

（二）A車機車左轉的狀況

　　圖2-69至圖2-70顯示出：A車機車左轉時的狀況，A車機車駕駛人並未開啟方向燈。

圖2-69　自小客車行車紀錄器57.08：B車機車出現、A車機車開始左轉

圖2-70　自小客車行車紀錄器57.08：B車機車出現

圖2-71　自小客車行車紀錄器57.09：雙方即將碰撞

圖2-72　自小客車行車紀錄器57.09：碰撞剎那

（三）肇事發生之狀況

圖2-72顯示出：雙方剛發生碰撞。

五、駕駛行為與法律分析

依據道路交通安全規則第102條第1項第7款：轉彎車應讓直行車先行[15]。透過B車行車紀錄器的影像分析：圖2-66至圖2-68自小客車行車紀錄器57.06～57.07顯示：A車機車亮起煞車燈；圖2-69至圖2-70自小客車行車紀錄器57.08顯示：B車機車出現，A車機車開始左轉；圖2-71至圖2-72自小客車行車紀錄器57.09顯示：雙方發生碰撞的情形。

駕駛人從真正察覺危險，而告訴自己應採取何種必要的閃避行動，而閃避行為產生所需要的反應時間，一般可採取0.75秒來滿足現場偵查需要[16]。

---

[15] http://law.moj.gov.tw/，全國法規資料庫。
[16] 蘇志強（2010），交通事故偵查理論與實務，自版。

本案行車紀錄器57.08顯示，A車機車駕駛開始左轉且並未開啓方向燈；行車紀錄器57.09顯示：雙方碰撞刹那。

換言之，A車駕駛並未依據道路交通安全規則第91條第1項第2款：左轉彎時，應先顯示車輛前後之左邊方向燈光……；及同法第102條第1項第5款：左轉彎時，應距交岔路口30公尺前顯示方向燈或手勢……。

綜合上述分析，本案件的B車機車駕駛人無足夠的反應時間因應A車機車的驟然左轉動作，因此，B車機車駕駛人確實有不及反應之處，故A車機車駕駛人有未盡轉彎車應讓直行車先行之義務，爲本件車禍之肇事原因。

柒、交通事故案例六

一、案由

本案發生於106年1月某日上午，肇事地點位於某縣市民權路與仁愛路口。本案件有2位當事人，第一位是機車駕駛，行經民權路，至事故路口時，要進行左轉，不愼與後方同向直行的機車發生碰撞[17]。

第一位是李姓機車駕駛表示：我行經民權路由南往北，來到事故地點時，欲左轉仁愛路方向巷子，我沒打方向燈，與對方左後方直行機車發生碰撞，撞擊部位是機車左把手。自述時速10公里。

第二位是方姓機車駕駛表示：我行經民權路由南往北，行至事故地點處，與右前方欲左轉之機車發生碰撞，對方突然左轉，反應不及。撞擊部位爲右前車頭。自述時速20～30公里。對方沒打方向燈。

二、交通事故現場概況分析

（一）交通事故拍攝照片分析

圖2-73、圖2-74顯示爲交通事故現場的全景。圖2-75顯示爲A車機車車頭的狀況、圖2-76顯示爲A車機車車損的狀況主要是左側車身，如白線所圈繪者。

---

[17] 爲遵守個資法規定，案例中的資料包括詳細日期及當事人資料，無法全部呈現。

圖2-73　肇事現場全景1

圖2-74　肇事現場全景2

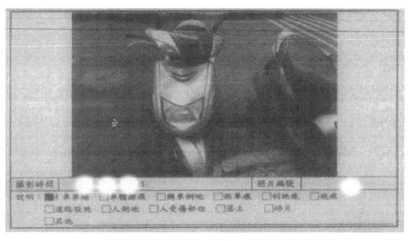

圖2-75　A車機車車頭狀況

圖2-76　A車機車的左側車損狀況

　　圖2-77顯示為B車機車車頭的車損狀況、圖2-78顯示為B車機車的右側車損狀況，如白線所圈繪者。

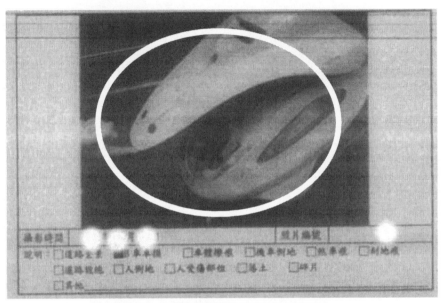

圖2-77　　B車機車的車頭車損狀況

圖2-78　　B車機車的右側車損狀況

（二）交通事故現場圖分析

　　圖2-79顯示爲此次案件的道路交通事故現場圖。以箭頭①所指示者爲A車機車行駛左轉的方向。以箭頭②所指示者爲B車機車直行的方向。

三、案件六爭點

　　依據道路交通安全規則第102條第1項第7款：轉彎車應讓直行車先行。依據同法第91條第1項第2款：左轉彎時，應先顯示車輛前後之左邊方向燈光，或由駕駛人表示左臂平伸，手掌向下之手勢。復依據同法第102條第1項第5款：左轉彎時，應距交岔路口30公尺前顯示方向燈或手勢，換入內側車道或左轉車道……。

　　本案例中之A車左轉時是否有遵守上述法令已盡應讓同向直行的B車先行之義務？本案例中之A車左轉時是否有遵守上述相關法令於30公尺前開啓方向燈？

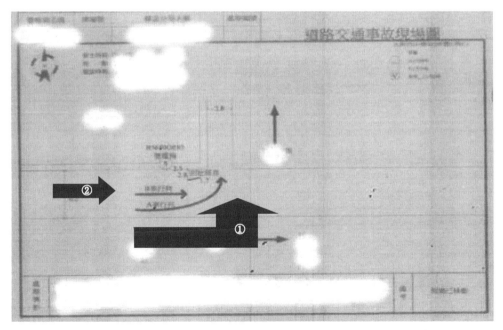

圖2-79　案件六道路交通事故現場圖

四、監視器畫面分析

（一）肇事前雙方的駕駛行為

　　圖2-80至圖2-83顯示出：黑色箭頭所指爲A車機車，行向爲直行，白色箭頭所指爲B車機車位於其左後方，行向爲直行。

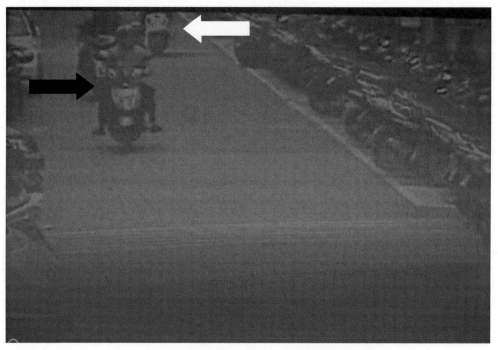

圖2-80　　監視錄影00.07：雙方相對位置1

圖2-81 監視錄影00.08：雙方相對位置2

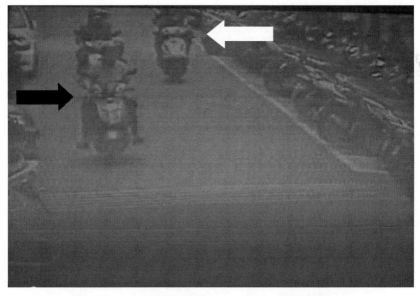

圖2-82 監視錄影00.09：雙方相對位置3

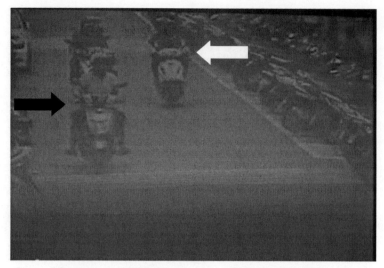

圖2-83　　監視錄影00.09：雙方相對位置4

（二）A車機車準備左轉的狀況

　　圖2-84顯示：黑色箭頭所指的A車機車剛準備進行左轉，並未開啓方向燈。圖2-85顯示出：黑色箭頭所指爲A車機車開始左轉，仍未開啓方向燈。

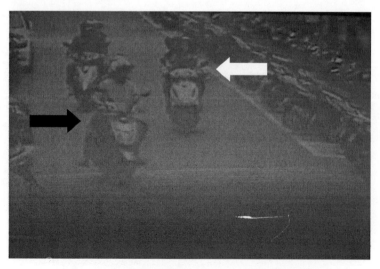

圖2-84　　監視錄影00.10：A車準備左轉

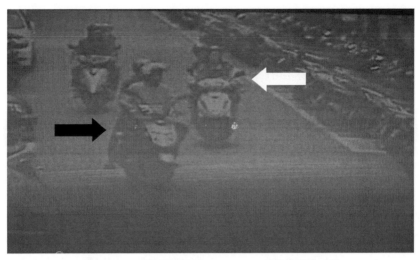

圖2-85　監視錄影00.10：A車開始左轉

（二）肇事發生的狀況

　　圖2-86顯示出：雙方發生碰撞。

圖2-86　監視錄影00.11：雙方碰撞

五、駕駛行為與法律分析

依據道路交通安全規則第102條第1項第7款：轉彎車應讓直行車先行[18]。透過監視錄影畫面的影像分析：圖2-80至圖2-83監視畫面00.07～00.09顯示，B車機車位於A車機車的左後方；圖2-84監視錄影00.10顯示：A車機車準備左轉；圖2-85監視錄影00.10：A車機車開始左轉；圖2-86監視錄影00.11：雙方發生碰撞。

駕駛人從真正察覺危險，而告訴自己應採取何種必要的閃避行動，而閃避行為產生所需要的反應時間，一般可採取0.75秒來滿足現場偵查需要[19]。本案行車紀錄器00.10顯示，A車機車駕駛開始左轉且並未開啟方向燈；行車紀錄器00.11顯示：雙方碰撞剎那。易言之，A車駕駛並未依據道路交通安全規則第91條第1項第2款：左轉彎時，應先顯示車輛前後之左邊方向燈光……；及同法第102條第1項第5款：左轉彎時，應距交岔路口30公尺前顯示方向燈或手勢……。

綜合上述分析，本案件的B車機車駕駛人無足夠的反應時間因應A車機車的驟然左轉動作，因此，B車機車駕駛人確實有不及反應之處，故A車機車駕駛人有未盡轉彎車應讓直行車先行之義務，為本件車禍之肇事原因。

捌、結語

本文所分析探討的六個案例皆屬左轉車與直行車的交通事故類型，為能清楚了解彼此間的相關影響因素，茲以表2-1與表2-2呈現說明。

---

[18] http://law.moj.gov.tw/，全國法規資料庫。交通部公路總局監理服務網：https://www.mvdis.gov.tw
[19] 蘇志強（2010），交通事故偵查理論與實務，自版。

表2-1 案例一至案例三分析一覽表

		案例一		案例二	案例三
事故種類		A1		A3	A2
事故時間		22：30		14：18	15：43
道路型態		號誌路口		無號誌三岔路口	無號誌三岔路口
駕駛行為	A	自小客車 對向左轉		自小客車 對向左轉	機車 前方同向左轉
	B	機車 對向直行		機車 對向直行	機車 後方同向直行
監視影像、行車紀錄器	畫面時間分析	（行車）第43.57秒自小客車開始左轉	（監視）第27.11.7秒水泥車要通過路口	（監視）第52.21秒自小客車要左轉	（監視）第54.34秒機車從路旁右側準備要左轉
		第43.58秒自小客車明顯左轉、機車緊急煞車、機車車身偏斜	第27.16.6秒2輛小客車正通過、A車為第4臺	第52.24秒聯結車停止自小客車明顯左轉	第54.35秒機車明顯要左轉、機車未開啟方向燈
		第43.59秒機車自摔	第27.19.2秒A車要左轉	第52.25秒自小客車車頭轉出超越聯結車	第54.36秒雙方碰撞
		第44.00秒雙方碰撞	第27.20.2秒機車自摔	第52.26秒雙方碰撞	
			第27.20.8秒雙方碰撞		
	左轉行為	※左轉過程完全沒有停等		※左轉過程完全沒有停等	※左轉過程緩慢
方向燈		有		有	無
視線狀況		A車自小客車前方有水泥車及2輛小型車		聯結車暫停機車行向之內側車道	視線良好

表2-1　案例一至案例三分析一覽表（續）

		案例一	案例二	案例三
法令規範		道安§102Ⅰ⑦	道安§102Ⅰ⑦	道安§102Ⅰ⑦
鑑定意見	A	轉彎車未讓直行車爲主	轉彎車未讓直行車爲主	轉彎車未依規定顯示方向燈爲次
	B	未注意車前狀況爲次	未注意車前狀況爲次	未注意車前狀況且超速爲主
本研究意見	A	轉彎未讓直行車爲肇事原因	轉彎未讓直行車爲肇事原因	轉彎未依規定顯示方向燈、且未讓直行車，爲肇事原因
	B	直行車無肇事原因	直行車無肇事原因	直行車無肇事原因

表2-2　案例四至案例六分析一覽表

		案例四	案例五	案例六
事故種類		A2	A2	A2
事故時間		16：40	14：58	10：54
道路型態		無號誌三岔路口	路段	無號誌三岔路口
駕駛行爲	A	自小客車前方同向左轉	機車前方同向左轉	機車前方同向左轉
	B	機車後方同向直行	機車後方同向直行	機車後方同向直行
監視影像、行車紀錄器	畫面時間分析	（行車）第29.35秒自小客車踩煞車燈	（行車）第57.06秒機車踩煞車燈	（監視）第00.08秒A機車左前B機車右後
		第29.37秒自小客車放掉煞車燈	第57.08秒機車要左轉機車未開啓方向燈	第00.10秒機車要左轉機車未開啓方向燈
		第29.38秒自小客車要左轉	第57.09秒雙方碰撞	第00.11秒雙方碰撞
		第29.39秒雙方碰撞		

表2-2　案例四至案例六分析一覽表（續）

		案例四	案例五	案例六
左轉行為		※自小客車驟然左轉	※機車驟然左轉	※機車驟然左轉
方向燈		有、臨時開啓	無	無
視線狀況		視線良好	視線良好	視線良好
法令規範		道安§102Ⅰ⑦	道安§102Ⅰ⑦	道安§102Ⅰ⑦
鑑定意見	A	驟然左轉未讓直行車爲肇事原因	左轉車未依規定顯示方向燈爲次	左轉車未依規定顯示方向燈爲次
	B	直行車無肇事原因	未注意車前狀況爲主	超越同向前方同一車道左轉車時未保安全間距爲主
本研究意見	A	驟然左轉未讓直行車，爲肇事原因	轉彎未依規定顯示方向燈、且未讓直行車，爲肇事原因	轉彎未依規定顯示方向燈、且未讓直行車，爲肇事原因
	B	直行車無肇事原因	直行車無肇事原因	直行車無肇事原因

依據道路交通安全規則第102條第1項第7款：轉彎車應讓直行車先行。惟這樣的類型車禍層出不窮，爭議不斷。本文所探討的六個案例皆爲左轉車輛與直行車輛的肇事類型，爲釐清肇事原因，筆者因此探討案例中之左轉車輛駕駛於左轉時是否有遵守上述法令已盡應讓直行車輛先行之義務？

左轉車應該遵守道路交通安全規則第91條第1項第2款：左轉彎時，應先顯示車輛前後之左邊方向燈光……；同法第102條第1項第5款：左轉彎時，應距交岔路口30公尺前顯示方向燈或手勢……；及同法第102條第1項第7款：轉彎車應讓直行車先行。惟本文中所探討之案例一～案例六，左轉車的駕駛所採取的左轉動作均爲驟然型態，雖然案例五的左轉車駕駛在左轉過程中並非驟然，但並未開啓方向燈，同樣會令直行車駕駛無法及時做出適

當的反應。另外，案例一、二、四的左轉車雖然有開啓方向燈，但都是驟然的左轉動作，並未讓直行車先行，案例四的證據顯示左轉車駕駛是臨時開啓方向燈，均違反違反道路交通安全規則相關之規範。

　　而要能做好交通事故的原因分析工作，以本文爲例，原因探討的過程仰賴現場圖、照片、筆錄及監視錄影、行車紀錄器等，因此，第一線的警察處理同仁責無旁貸要做好各項蒐證工作，包括：人、車、物、痕、跡證、道路交通設施等，以及筆錄製作，以充分了解肇事各方當事人的駕駛行爲，及其相關可能的影響因素，事後方能順利的進行肇事重建，還原事故發生的過程，以正確的得到事故的原因分析結果。

參考文獻

蘇志強（2010），交通事故偵查理論與實務，自版。

全國法規資料庫：http://law.moj.gov.tw/。

交通部公路總局監理服務網：https://www.mvdis.gov.tw。

壹、緒論

道路交通事故的原因鑑定，必須仰賴交通事故現場的勘察與蒐證，勘察的對象包括：當事人、車輛、散落物、相關跡證、交通環境設施等，惟有透過完整的蒐證，方能進一步了解當事人要負起的交通事故責任為何。

因此，吾人可知交通事故責任的歸屬是否正確，源於正確的道路交通事故原因鑑定，而事故原因的鑑定正確與否，則植基於仔細的現場勘察與蒐證工作。此外，筆者要強調警察處理同仁對於相關交通法令規範之嫻熟，會有助於現場蒐證工作之完整性。

故而，第一線的警察處理同仁責無旁貸要做好各項蒐證工作，以確保交通事故當事人的重要權益。相關的資料透過各種方式呈現，包括：現場拍照、攝影、現場圖製作、筆錄詢問、監視器與行車紀錄器的調閱、證人的查詢等。這有助於吾人了解各方當事人的駕駛行為，及其可能之影響因素。

因此，本文主要透過數個實際道路交通事故案件，予以檢視、分析各項資料，包括：交通事故現場勘察、交通事故現場圖繪製、交通事故拍攝照片、道路交通設施、道路交通環境、天候因素等。

期望藉由正確的勘察與蒐證，能提供準確的肇事原因分析，最終達到還原真相之目的。

貳、交通事故案例一

一、案由

本案發生於102年9月晚間，肇事地點位於某縣市西成路與中二路口。

本案件有2位當事人，均爲自小客車。周姓自小客車沿中二路左轉西成路，行經肇事路口時，與李姓自小客車沿西成路右轉中二路，發生撞擊[1]。

　　周姓自小客車駕駛表示：行駛中二路左轉西成路時，看見一自小客車沿西成路右轉中二路，不愼發生撞擊。號誌爲閃光紅燈。

　　李姓自小客車駕駛表示：行駛西成路右轉中二路時，看見一自小客車沿中二路左轉西成路，號誌爲閃光紅燈。先看左邊沒有來車，往右轉時，發生碰撞。

二、交通事故現場概況分析

（一）交通事故拍攝照片缺失分析

1. 交通事故發生後，除當事人外，僅有處理的警察同仁趕抵現場。而該案件後續若移送地檢署時，承辦的檢察官如何能了解當時的概況？因此，透過處理的警察同仁所繪製的道路交通事故現場圖及所拍攝的現場道路狀況照片、車損照片等，將有助於吾人了解車禍發生的實際現場情形爲何。

2. 圖3-1顯示爲警察同仁所拍攝之交通事故現場照片。由於案件發生是夜間時段，吾人無法從以下照片得知，相關的街道名稱、雙方的行車方向、亦難以了解相關的交通標誌及標線設施。

3. 另處理的警察同仁僅以「事故現場」說明於照片下方，如黑線所圈繪者，難以令人了解實施拍攝時，所欲呈現的標的究竟爲何，如灰線所圈繪者，缺乏遠距、中距、近距之照片。

4. 該肇事案件有2位當事人，因此，應該要呈現2部車的車損狀況，圖3-2共計有4張照片，照片下方的文字說明部分顯示全爲B車之車損狀況。故而，缺乏A車車損狀況之拍攝照片。

---

[1]　爲遵守個資法規定，案例中的資料包括詳細日期及當事人資料，無法全部呈現。

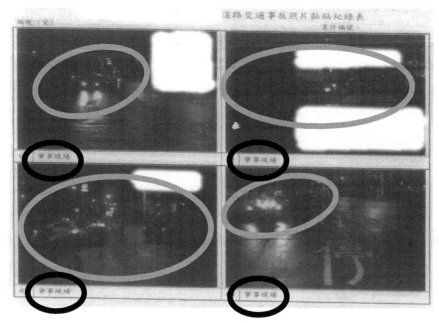

圖3-1　案例一交通事故現場概況及雙方行向照片

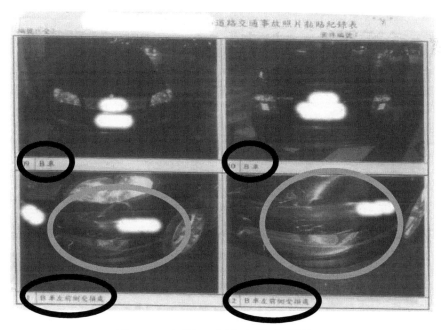

圖3-2　案例一交通事故車損情況

5. 本案件的照片均未依警政署規定使用「道路交通事故照片黏貼紀錄表」。

6. 照片：未註明詳細的拍攝時間。

7. 照片：未勾選說明選項。

8. 照片：未予編號。

9. 現場照片，係以4合1的方式表示，並不恰當，一張照片應以一欄位為限。

（二）交通事故現場圖缺失分析

1. 圖3-3顯示為此次案件的「道路交通事故現場草圖」，以灰線所圈繪者。圖中僅見到2部小客車及道路寬度，如黑線所圈繪者。處理的警察同仁並未標示雙方的行車方向。至於交通設施部分，亦未於現場草圖中呈現閃光號誌的情形為何。照片中顯示有「停」的路面標字，惟現場草圖中也未註明。

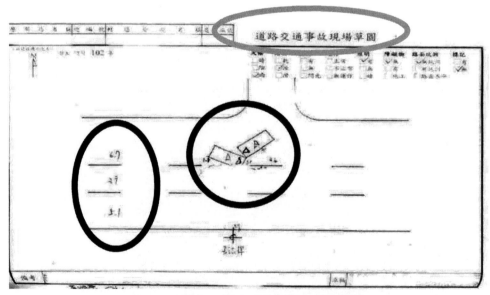

圖3-3　案例一道路交通事故現場草圖

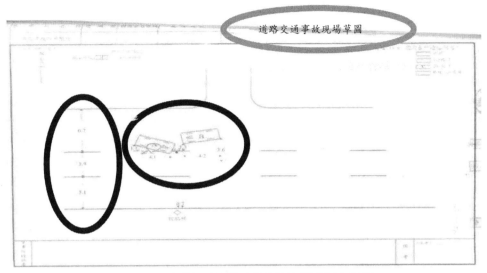

圖3-4　案例一道路交通事故現場正式圖

2. 圖3-4顯示為此次案件的「道路交通事故現場正式圖」，以灰線所圈
繪者。圖中僅見到2部小客車及道路寬度，如黑線所圈繪者。至於2
輛自小客車的行車方向為何，處理的警察同仁並未標示說明。另與
路權有密切關聯的交通設施部分，原本當事人於筆錄中有陳述，卻
未於現場正式圖中呈現閃光號誌的情形為何。現場所拍攝的照片中
顯示有「停」路面標字，惟現場正式圖中也未標示說明。

三、事故處理改善建議

　　處理的同仁呈現照片資料時，應依據警政署規定使用「道路交通事故照
片黏貼紀錄表」，如表3-1所示，切勿簡化，一張照片應以一項欄位為限，
勿以4合1的方式表示。同時應註明詳細的時間，包括：「年、月、日、
時、分」、照片應勾選「說明選項」、照片並應註明「編號」。

　　關於道路交通事故現場圖，處理同仁應清楚標示雙方當事人的行車方
向。攸關路權的交通設施部分，均應於現場圖中呈現，例如：本案例的閃光
號誌的情形為何，以及「停」的路面標字，惟現場草圖與現場正式圖中均未
註明。

表3-1　道路交通事故照片黏貼紀錄表

| 攝影時間 | 月　日　時　分 | | 照片編號 | |

說明：□道路全景　　□車損　　　□車體擦痕　□機車倒地　□煞車痕　□刮地痕
　　　□拖痕　　　　□道路設施　□人倒地　　□人受傷部位　□落土　　□碎片
　　　□其他

參、交通事故案例二

一、案由

　　本案發生於100年11月晚間，肇事地點位於某縣市中成路。本案件有2位當事人，A車爲自小客車，B車爲機車。

　　A車陳姓自小客車駕駛表示：沿中成路直行，行經肇事路段時，發現對方行駛於對向車道的中心線，快要會車時，對方忽然減速偏向我的車道，發生撞擊[2]。

　　B車林姓機車駕駛表示：駕駛普通重型機車，自無名巷左轉中成路時，遂發生碰撞。

---

[2]　爲遵守個資法規定，案例中的資料包括詳細日期及當事人資料，無法全部呈現。

二、交通事故現場概況分析

（一）交通事故拍攝照片缺失分析

1. 筆者於前案業已說明關於交通事故發生後，僅有處理的警察同仁了解現場狀況。日後當事人若申請鑑定或提起告訴，案件移送地檢署時，不論鑑定委員或承辦的檢察官一定不了解現場的情形。惟有透過處理的警察同仁所繪製的道路交通事故現場圖，以及所拍攝的車損照片、現場道路狀況照片等，方能助於第三者了解交通事故的實際現場情形為何。圖3-5顯示為處理的同仁所拍攝之交通事故現場路況照片。照片中缺乏雙方的行車方向說明，僅照片編號7、8約略看出有一交叉路口。照片編號7隱約見到有黃色網狀線，如深灰線所圈繪者，照片編號8卻未能明確呈現，如淺灰所圈繪者，乍看起來，會令人誤以為是不同地點照片。

2. 照片編號6、7並未說明是從何方向所拍攝及與行車的方向關係為何。

3. 以圖3-5為例，會令後續研判分析的鑑定委員或承辦的檢察官霧裡看花，無法即時了解肇事的現場狀況。

4. 筆錄中，B車林姓機車駕駛表示：係駕駛普通重型機車，自無名巷左轉中成路時，遂發生碰撞。惟處理的同仁並未自該無名巷方向拍攝照片，亦未自照片編號8的右方處反方向拍攝該無名巷照片及交叉路口全貌。

5. 從拍攝的道路交通事故現場照片中，難以了解相關的交通標誌及標線設施。如該無名巷方向是否有「停」、「讓」或「慢」標誌或標線的設置或畫設。

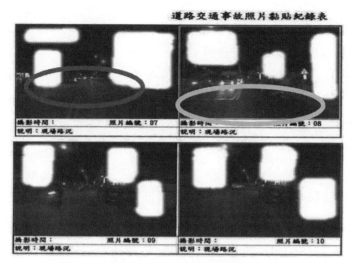

圖3-5　案例二道路交通事故現場照片

6. 圖3-6顯示為處理事故同仁所拍攝之交通事故車輛車損照片。該案件很明確，一方為自小客車，另一方為機車。惟照片僅拍攝自小客車的車損情形，如深灰線所圈繪者，至於另一方機車部分，僅拍攝騎士的安全帽，如淺灰所圈繪者，卻缺少對於機車車損情形的拍攝照片。

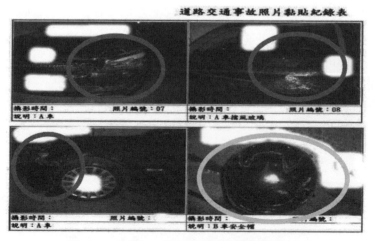

圖3-6　案例二道路交通事故車損照片

7. 圖3-7顯示為處理事故同仁所拍攝之交通事故刮地痕照片。該案件一方為自小客車，另一方為機車，顯然該刮地痕應是機車倒地後接觸地面所造成的。惟拍攝的照片僅局部，缺乏連貫性，無整體性，如灰線所圈繪者，亦缺少4張照片彼此間的關聯。因此，無法藉由照片了解機車從何處倒地、滑行的整個過程及最終位置為何。

8. 本案件的照片均未依警政署規定使用「道路交通事故照片黏貼紀錄表」。

9. 現場照片，係以4合1的方式表示，便宜行事，且無法清楚呈現，並不恰當，一張照片應以一欄位為限。

10.照片：雖有編號，但編號重複，混淆不清。

11.照片：未註明詳細的拍攝時間。

12.照片：未勾選說明選項。

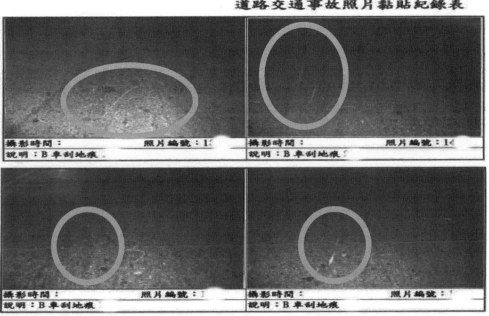

圖3-7　案例二道路交通事故刮地痕照片

（二）交通事故現場圖缺失分析

1. 圖3-8顯示為此次案件的「道路交通事故現場草圖」，處理事故同仁抵達現場時，小客車已經移動，以淺灰線所圈繪者已註明。此時，處理同仁不應再將小客車畫於圖中，如深灰線所圈繪者。

2. 現場草圖中，處理的警察同仁僅標示A車的行車方向，並未標示B車的行車方向。

3. 現場草圖中亦未於2車分別註明何者為A車、何者為B車，僅靠鑑定委員或承辦檢察官的憶測是不恰當的。至於交通設施部分，現場草圖中呈現黃網線，如黑線所圈繪者。

4. 圖3-9顯示為此次案件的「道路交通事故現場正式圖」，以黑線所圈繪者，即為A車自小客車，惟前已說明小客車已經移動，因此，不應再將小客車畫於現場圖中。

5. 為求嚴謹與正確，處理同仁並應於備考欄中註明「A車自小客車已移動」，卻未適當的註明。

6. 圖3-8現場草圖中所顯示的黃網線，如黑線所圈繪者，卻未於圖3-9的事故現場正式圖中呈現。

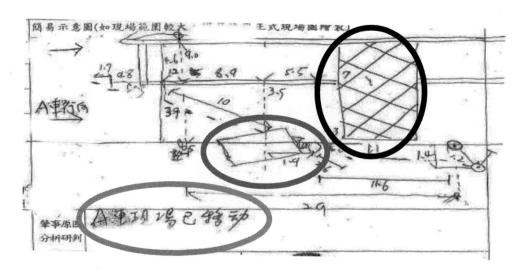

圖3-8　案例二道路交通事故現場草圖

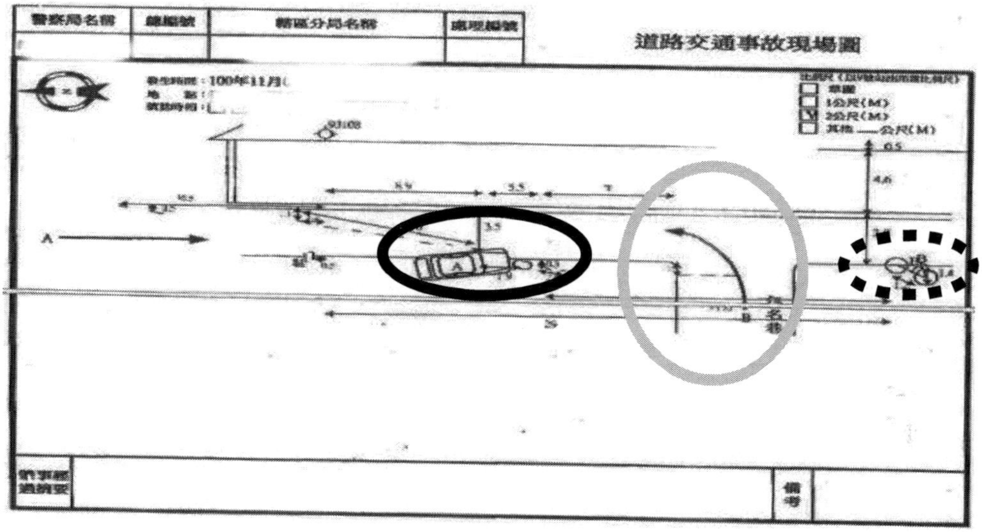

圖3-9　案例二道路交通事故現場正式圖

7. 依正式圖（圖3-9）顯示，中成路的路寬為3.9公尺，是否有邊線或快慢車道分隔線，從現場正式圖中無法得知，自現場照片中亦無法了解狀況，這是缺乏對現場交通標線的勘察與蒐證，僅靠憶測是不恰當的。

8. 以黑虛線所圈繪者為B車，至於B車的停止位置為何，依現場圖顯示似乎是停於人行道上。亦缺乏現場照片之輔證，故該現場圖應與實際狀況有所差異。

9. 另與路權有密切關聯的交通標誌、標線，現場正式圖中亦未呈現。

三、事故處理改善建議

　　與前一案例相同，現場照片的呈現方式，處理同仁切勿簡化，一張照片應以一項欄位為限，勿以4合1的方式表示，並應以警政署所規範的「道路交通事故照片黏貼紀錄表」為準，同時應註明詳細的時間，包括：「年、月、日、時、分」、照片應勾選「說明選項」、照片並應註明「編號」。

肆、交通事故案例三

一、案由

本案發生於101年12月某日，肇事地點位於某縣市中正路與博愛路口。本案件共有3位當事人：張姓自小客車，行經中正路與博愛路口迴轉時，與對向李姓半聯結車駕駛發生撞擊，張姓自小客車再撞擊另一王姓自小客車[3]。

李姓半聯結車駕駛表示：行經中正路與博愛路口時，發現對向車道有一自小客車突然迴轉，於是緊急煞車，因時間太短，來不及閃避，還是發生車禍。

二、交通事故現場概況分析

（一）交通事故現場圖缺失分析

圖3-10爲警察同仁於事故現場所繪製的「道路交通事故現場草圖」，內容顯示交通事故現場概況及3輛汽車的相對位置。以灰線所圈繪者即爲李姓半聯結車駕駛，因緊急煞車，而在地上所留下之煞車痕約17m左右。圖3-11爲警察同仁於事故現場處理完畢後，返回駐地所繪製的「道路交通事故現場正式圖」，灰線所圈繪處，卻未呈現李姓半聯結車駕駛因緊急煞車而在地上所留下之煞車痕。

（二）交通事故拍攝照片分析

本案因「道路交通事故現場草圖」與「道路交通事故現場正式圖」所呈現的跡證有差異，現場究竟有無煞車痕，令後續鑑定人員產生困擾，尤其當車輛速度可能是肇事因素時，更應仔細查證，以求公道。爲求還原事實眞相，故須再查證其他相關資料佐證。此時能驗證現場眞實狀況的證據，莫過於現場照片或現場錄影。如圖3-12所示，現場處理同仁所拍攝之照片中，李姓半聯結車駕駛，的確因緊急煞車，在路面留下明顯的煞車痕，以白線所圈繪。

---

[3] 爲遵守個資法規定，案例中的資料包括詳細日期及當事人資料，無法全部呈現。

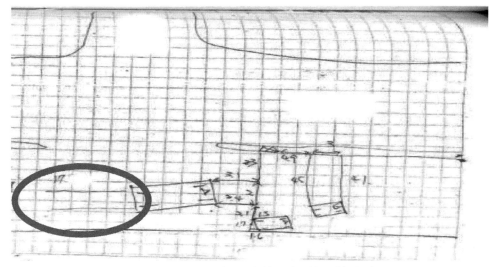

圖3-10　案例三交通事故現場草圖煞車痕

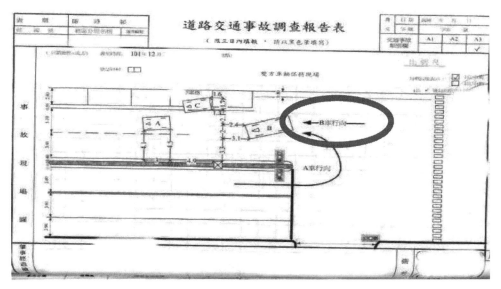

圖3-11　案例三交通事故現場正式圖

圖3-12 案例三現場照片佐證煞車痕

三、事故處理改善建議

警察同仁於事故現場所繪製的道路交通事故現場圖，為達正確與迅速的目的，該現場圖僅是一份現場草圖，相關標的可以不必依據比例尺，惟事故現場處理完畢後，處理同仁尚須依據現場草圖繪製一份事故現場正式圖，除須依據比例尺外，其餘現場草圖上所繪製的人、車輛、散落物、煞車痕、刮地痕、交通設施等，均須完全複製到現場正式圖上，不可遺漏。以本案例言，現場草圖原本畫有煞車痕跡，拍攝照片亦能完整顯現，對於事故之原因分析非常重要，惟現場正式圖上卻疏忽未繪製，極易影響肇事原因分析之正確性，不可不慎。

伍、結語

處理的警察同仁應拋開本位主義，以客觀的角度拍攝，因為，不論是檢察官或鑑定委員應該不會出現在車禍事故的現場，僅能藉由處理同仁所拍攝的照片來了解現場的狀況為何。以案例一為例，吾人無法從現場照片得知，雙方的行車方向、亦難以了解相關的交通標誌及標線設施。若受限於夜間時

段因素，可於白天再補拍攝現場的交通環境。同時，應依據警政署規範之「道路交通事故照片黏貼紀錄表」來呈現，切勿便宜行事。至於交通設施部分，照片中顯示有「停」的路面標字，現場草圖中卻未註明，亦未呈現交通號誌的情形為何。

　　除了事故現場圖可以表達出事故現場的概況外，最能引導第三者進入事故現場真實面的方式，即是對於現場道路狀況的拍攝、車損照片等，這將有助於吾人了解車禍發生的實際現場情形為何。

　　案例二中，處理同仁所拍攝之交通事故現場路況照片中，缺乏對於雙方當事人的行車方向說明，對於研判案情的第三者而言，要花費許多時間進行查證。事故車輛之車損照片部分，處理同仁僅拍攝其中一方自小客車的車損情形，至於機車方面，僅拍攝騎士的安全帽，並未拍攝機車之車損情形。有關刮地痕的勘察，雖有拍攝，惟照片僅限於局部，缺乏整體性，缺少各照片彼此間的關聯。因此，無法藉照片了解機車在事故現場中係從何處倒地、滑行的整個過程及最終位置為何。另交通事故現場圖是要呈現真實的一面，倘若車輛於警方抵達前，業已移動，此時，處理同仁不應再將該移動車輛畫於現場圖中，僅須於備考欄中註明「A車已移動」，以符合當時實際的狀況。

　　另外，警察處理同仁將事故現場的人、車、物、痕、交通環境等重要標的，透過所繪製的道路交通事故現場草圖呈現，現場草圖雖不必依據比例尺製作，惟仍應注意轉換為交通事故現場正式圖時，應據實製作，不可遺漏。

　　以案例三為例，道路交通事故現場草圖中有「煞車痕」，可是，道路交通事故現場正式圖中卻未繪製。極易讓人忽略此一重要的現場跡證，倘駕駛人肇事發生前有超速的行為，若筆錄中未承認，正式圖中亦未能看出跡證，則勢將影響肇事原因分析的正確性。

　　最後冀望藉由本文實際案例之探討與分析，將巨觀與微觀的觀念與作為，提供交通事故處理同仁進行現場資料蒐證與製作之重要參考，進而精進警察處理道路交通事故之作為，與提升道路交通事故處理之品質。

壹、緒論

每件道路交通事故發生後，當事人都想了解誰要負起交通事故的責任。惟在確定交通事故的肇事責任前，吾人應先釐清該起交通事故的原因為何？倘若當事人有肇事原因，自應負起肇事責任。

肇事原因攸關幾項重大因素，包括：當事人的駕駛行為、現行的法令規範、現場的交通管制設施等。因此，第一線的警察處理同仁責無旁貸要做好各項蒐證工作，包括：人、車、物、痕、跡證、道路交通設施等。另包括：筆錄製作，以充分了解肇事各方當事人的駕駛行為，及其相關可能的影響因素。對於現行交通法令規範更應嫻熟，這將有助於警察處理同仁現場蒐證工作的完整性。

駕駛人除了自身遵守交通法令規定外，路上仍有許多突發的狀況，非吾人所能預期，例如：違規行為、道路坑洞、照明不足、道路規劃、施工交維計畫完整性、車輛因素、天候因素等。因此，警察同仁處理這類型態的交通事故時，除應秉持著公正、完整、正確、細心、迅速的原則面對，期盼藉由警察同仁的專業，能找出真相，還給雙方一個公道。

筆者主要透過數個實際道路交通事故案件，予以檢視、分析各項跡證，包括：現行的法令規範、交通事故現場勘察、交通事故現地拍照、交通事故現場圖繪製、行車紀錄器等，以釐清道路交通事故案件如何發生、為何發生，進一步確定肇事的原因，以達到勿枉勿縱的最終目的。

貳、交通事故案例一爭點與探討

一、案由

本案發生於103年3月某日清晨，肇事地點位於某縣市中成路與興一路口。本案件有2位當事人，一位是遊覽車駕駛，沿興一路往北行駛，行經肇事路口時，與左方沿中成路直行的救護車發生撞擊[1]。

救護車駕駛表示：當時正執行急病救護工作，依規定開警示燈及警報器。至路口為紅燈，減速並注意左右過路口。興一路有車子讓我，要通過時，就直接被撞擊。

遊覽車駕駛表示：當時沿興一路往北行駛，至肇事地點，行駛外側車道，至路口為綠燈就通過，要通過路口時，就突然看到救護車出來，來不及煞車而撞上。

二、交通事故現場概況分析

（一）交通事故拍攝照片分析

圖4-1顯示為交通事故現場為俱有行車管制號誌之交叉路口，肇事一方遊覽車，以灰線所圈繪者，其行向係以白色箭頭所指示者。另一方為救護車，為遊覽車所遮蔽，其行向係以黑色箭頭所指示者。

圖4-2顯示為遊覽車及救護車碰撞最終停止位置，以黑線所圈繪者為遊覽車，其行向係以黑色箭頭所指示者。以灰線所圈繪者為救護車，其行向係以灰色箭頭所指示者。

圖4-3顯示為為遊覽車及救護車碰撞最終停止位置近照，及雙方因猛烈的撞擊力所產生的散落物，以白線所圈繪者即為雙方之散落物。

---

[1] 為遵守個資法規定，案例中的資料包括詳細日期及當事人資料，無法全部呈現。

圖4-1　交通事故現場概況及雙方行向

圖4-2　交通事故現場概況及雙方停止位置

圖4-3 雙方停止位置近照及散落物

圖4-4 肇事雙方撞擊位置近照

　　圖4-4顯示為遊覽車及救護車發生碰撞，雙方損壞情形之近照。救護車為車身右側被撞擊，係以黑線所圈繪者。遊覽車則為車頭正向撞擊救護車的右側車身，損壞狀況係以白線所圈繪者。

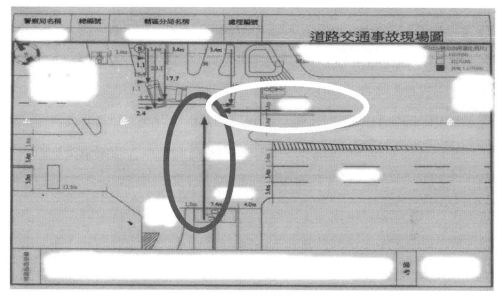

圖4-5　案例一道路交通事故現場圖

（二）交通事故現場圖分析

　　圖4-5顯示為此次案件的道路交通事故現場圖。以白線所圈繪者為遊覽車的行向。以灰線所圈繪者為救護車的行向。圖中顯示肇事地點為該交叉路口內。號誌時相部分，處理的警察同仁勾選「12」，表示為「其他」，依規定應於現場圖空白處註記時相排列方式。

二、案例一爭點

　　救護車執行緊急勤務時，依規定是否要開啟警示燈及警報器？能否僅顯示警示燈或警報器？

三、駕駛行爲與法律分析

（一）遊覽車駕駛行為分析

依據道路交通安全規則第101條第2項第1款[2]：「聞有消防車、救護車、警備車、工程救險車、毒性化學物質災害事故應變車等之警號時，不論來自何方，均應立即避讓，並不得在後跟隨急駛，亦不得駛過在救火時放置於路上之消防水帶。」

本案件的遊覽車駕駛人行駛方向，雖爲綠燈，有通行權。惟聞有消防車、救護車、警備車、工程救險車、毒性化學物質災害事故應變車等之警號時，應立即採取避讓措施，相關資料顯示，救護車駕駛有開啓警報器，該駕駛行經路口時卻並未減速因應，故渠應有肇事原因。

（二）救護車駕駛行為分析

1. 道路交通安全規則

依據道路交通安全規則第93條第2項[3]：「消防車、救護車、警備車、工程救險車及毒性化學物質災害事故應變車執行任務時，得不受前項行車速度之限制，且於開啓警示燈及警鳴器執行緊急任務時，得不受標誌、標線及號誌指示之限制。」

本案件中的當事人之一救護車駕駛筆錄中稱：當時正執行急病救護工作，依規定開啓警示燈及警報器。依據道路交通安全規則規定，於開啓警示燈及警鳴器執行緊急任務時，得不受標誌、標線及號誌指示之限制。因此，救護車駕駛行經該路口時，號誌雖爲紅燈，依法可通過。

惟救護車駕駛是否有依規定開啓警示燈及警報器？相關資料顯示如圖4-6至圖4-9所示，該救護車應未依據法令開啓警示燈。

---

[2]　http://law.moj.gov.tw/，全國法規資料庫。
[3]　http://law.moj.gov.tw/，全國法規資料庫。

圖4-6　救護車行經肇事路口警示燈狀況一

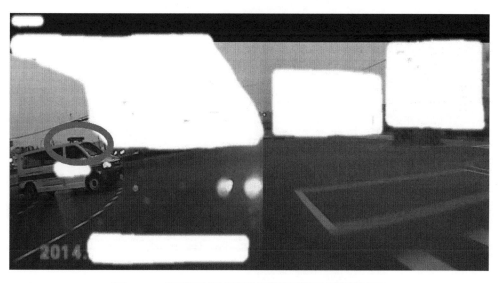

圖4-7　救護車行經肇事路口警示燈狀況二

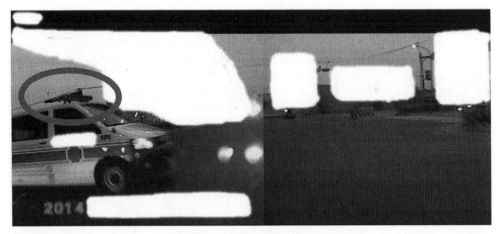

圖4-8　救護車行經肇事路口警示燈狀況三

圖4-9　救護車行經肇事路口警示燈狀況四

2. 交通部解釋文

(1) 交通部65.08.05.交路字第07021號函[4]

　　要旨：行駛中之消防車、救護車、工程救險車、警備車，如欲他車避讓，應鳴警號並使用車頂閃光燈，否則應依照一般行車規定行駛。

---

[4]　https://www.mvdis.gov.tw

(2) 交通部70.11.18.交路字第26173號函[5]

要旨：特種車輛於執行任務時使用警鳴器並開亮警示燈，能否排除道路交通安全規則第102條第1項各款之規定，經協調內政部警政署意見如下：

執行任務中之消防車、救護車、警備車，於鳴警鳴器警號及開亮車頂紅色閃光燈執行任務時，在緊急且必要之情況下，原則得排除道路交通安全規則第102條第1項各款之規定，惟因該車輛之行駛方式甚為危險，故在行車技術上仍應依照本部66年2月28日交路字第0174號函規定，特別顧及行人及其他車輛之安全。

3. 闖紅燈

救護車行經該路口時，號誌為紅燈，雖然可以通過，惟駕駛人應了解有相當的風險存在，自應提高警覺、減速通過、並隨時採取煞車的準備，如前揭交通部解釋函示：「惟因該車輛之行駛方式甚為危險，故在行車技術上仍應依照本部66年2月28日交路字第0174號函規定，特別顧及行人及其他車輛之安全。」惟相關資料中，該救護車駕駛並未有相關之措施因應。

4. 視線阻礙

遊覽車行向的內側已停有一輛大型車，導致雙方嚴重的視線阻礙，形成另一高風險，除遊覽車本應減速、察覺、禮讓救護車而未遵守應負起主要責任外；另一方面，救護車駕駛行經該路口時，同樣受到視線阻礙，而無法看見橫向的外車道車輛情形，亦應提高警覺、減速通過、並隨時採取煞車的準備。惟影片中未見救護車駕駛有相關之措施因應。

5. 法律規範的對象不同

(1) 道安規則第101條第2項第1款規定[6]：對象是指「一般駕駛人」；「聞有消防車、救護車、警備車、工程救險車、毒性化學物質災害事故應變車等之警號時，不論來自何方，均應立即避讓，並不得在後跟隨急駛，亦不得駛過在救火時放置於路上之消防水帶。」

(2) 道安規則第93條第2項規定[7]：對象是指「執行任務中之消防車、救護車、警備車、工程救險車及毒性化學物質災害事故應變車之駕駛

---

[5] https://www.mvdis.gov.tw
[6] http://law.moj.gov.tw/，全國法規資料庫。
[7] 同前註。

人」；「消防車、救護車、警備車、工程救險車及毒性化學物質災
害事故應變車執行任務時，得不受前項行車速度之限制，且於開啓
警示燈及警鳴器執行緊急任務時，得不受標誌、標線及號誌指示之
限制。」

(3) 依據第101條第2項第1款規定：本案遊覽車駕駛應負起立即避讓之
責任，毫無疑義。

(4) 依據第93條第2項規定：救護車駕駛人執行緊急任務時，應開啓警
示燈及警鳴器，亦毋庸置疑。

　　若僅以某一駕駛行爲如有無開啓警示燈而論斷當事人之責任或言草
率，惟綜合上述五項相關資料佐證研析後，作者認爲救護車駕駛亦應負起此
次交通事故之部分責任。

參、交通事故案例二爭點與探討

一、案由

　　本案發生於102年5月某日上午，肇事地點位於某縣市成一路4段。本案
件共有3位當事人，第一位是自小貨車駕駛，行經成一路4段時，因故障而
停於右側路旁；後方一輛直行機車爲閃避前方故障自小貨車，於是向左偏行
駛，不愼與同向左側的自小貨車擦撞[8]。

　　故障的自小貨車駕駛表示：因發現車輛故障而停於右側路旁，並未下車
擺設車輛故障標誌，僅打開警示燈。後來從後照鏡發現後方有一輛機車向左
方切出來，接著機車後面架子擦撞到另一輛小貨車。

二、交通事故現場概況分析

（一）交通事故拍攝照片分析

　　圖4-10顯示爲交通事故現場概況及3輛汽機車的相對位置，近處爲故障
的自小貨車，駕駛人停於路邊的紅線處，以灰線所圈繪者。其前方較遠處爲

---

[8] 爲遵守個資法規定，案例中的資料包括詳細日期及當事人資料，無法全部呈現。

圖4-10　交通事故現場概況及3輛汽機車

　　倒地的機車，恰位於白色實線處，以白線所圈繪者。最遠處的自小貨車爲行駛外側車道而與機車發生擦撞，以黑線所圈繪者。

　　圖4-11顯示爲機車刮地痕起始位置及倒地位置，近處爲機車倒地後，機車車身與地面接觸，一路滑行所留下的刮地痕[9]，以黑線所圈繪者。從現場的跡證顯示，機車最初的倒地位置應爲自小貨車的左側邊。前方則爲倒地停止的機車，恰位於白色實線處，以白線所圈繪者。

圖4-11　機車刮地痕起始位置及倒地位置

---

[9]　蘇志強（2010），交通事故偵查理論與實務，自版。

圖4-12　機車倒地位置、刮地痕、散落物及第3輛自小貨車

　　圖4-12顯示為機車倒地位置、刮地痕、散落物及第3輛自小貨車。以白線所圈繪者即為機車之散落物，位於機車之周遭。刮地痕一直延伸至機車停止處，以灰線所圈繪者。以黑線所圈繪者則為行駛外側車道的第3輛自小貨車。

（二）交通事故現場圖分析

　　圖4-13顯示為此次的道路交通事故現場圖。包括車道分布的現場概況及肇事的3輛汽機車之相對位置。圖中顯示刮地痕長度為10.5公尺，以黑線所圈繪者。現地為筆直的路段接近彎道處，以灰線所圈繪範圍者。

　　依據相關資料顯示：本肇事路段計有2線快車道。路邊劃設禁止臨時停車線，路旁的白色實線究竟為何者，待進一步分析。

　　依據道路交通標誌標線號誌設置規則第183條規定[10]：「路面邊線，用以指示路肩或路面外側邊緣之界線。其線型為白實線，線寬為十五公分，整段設置。但交岔路口及劃設有禁止停車線、禁止臨時停車線處或地面有人

---

[10] http://law.moj.gov.tw/，全國法規資料庫。

行道之路段得免設之。」另依據同規則第183條之1規定[11]：「快慢車道分隔線，用以指示快車道外側邊緣之位置，劃分快車道與慢車道之界線。其線型為白實線，線寬為十公分，除臨近路口得採車道線劃設，並以六十公尺為原則外，應採整段設置，但交岔路口免設之。」

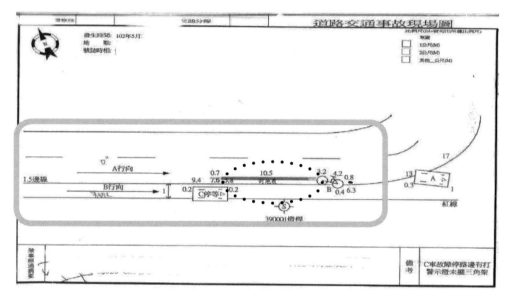

圖4-13　案例二道路交通事故現場圖

[11] 同前註。

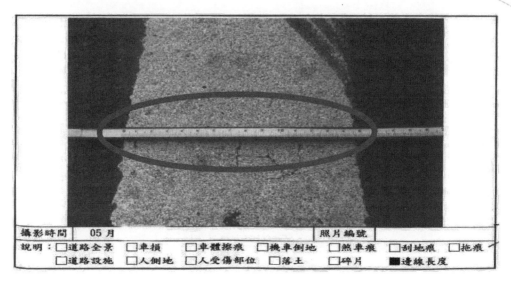

攝影時間	05 月			照片編號	
說明：□道路全景	□車損	□車體擦痕	□機車倒地	□煞車痕	□刮地痕　□拖痕
□道路設施	□人側地	□人受傷部位	□落土	□碎片	■邊線長度

圖4-14　案例二路面邊線

此處白色實線究竟爲何者，依據圖4-14顯示：白色實線爲15公分寬，以灰線所圈繪者，故本案件路旁白色實線爲路面邊線。易言之，本肇事路段並無快慢車道分隔線。該處爲機車與汽車混合行駛路段。

三、案例二爭點

故障車輛駕駛人停於路旁時，能否僅顯示警示燈？

四、駕駛行爲與法律分析

（一）機車駕駛行爲分析

依據道路交通安全規則第99條第1項第5款[12]：「機車行駛之車道，應依標誌或標線之規定行駛；無標誌或標線者，依下列規定行駛：除起駛、準備停車或臨時停車外，不得駛出路面邊線。」

本案件的機車駕駛人原本係行駛於路面邊線外，已違反道安規則第99條在先。行駛過程中，因察覺前方路旁停有故障車輛，遂臨時改變行向，雖

---

[12] http://law.moj.gov.tw/，全國法規資料庫。

然該機車駕駛有不及反應之處，惟依規定，駕駛人變換車道時，應打方向燈並應禮讓直行車先行（行駛外側車道的自用小貨車），故渠應有肇事原因。

（二）故障自小貨車駕駛行為分析

依據道路交通安全規則第112條第1項第12款規定[13]：

1. 該故障車輛在未移置前或移置後均應豎立車輛故障標誌。

2. 該標誌在行車時速40公里之路段，應豎立於車身後方5公尺至30公尺之路面上，在行車時速逾40公里之路段，應豎立於車身後方30公尺至100公尺之路面上，交通擁擠之路段，應懸掛於車身之後部。車前適當位置得視需要設置，車輛駛離現場時，應即拆除。

本案件之肇事路段限速為50公里，故駕駛人依法應於故障車輛車身後方30公尺至100公尺之路面上，放置「車輛故障標誌」。

另依據道路交通標誌標線號誌設置規則第138條第1項[14]：「車輛故障標誌，用以指示前有故障車輛，促使車輛駕駛人注意減速避讓。」

第4項：「本標誌依下列規定設置，事後應即拆除：一、行車時速在四十公里以下之路段，樹立於車身後方五公尺至三十公尺之路面上。二、行車時速超過四十公里之路段，樹立於車身後方三十公尺至一百公尺之路面上。」

綜合上論，自小客貨車故障停於路邊，未踐行「道路交通安全規則第112條第1項第12款」及「道路交通標誌標線號誌設置規則第138條規定」應放置車輛故障標誌之規定，致後方駕駛反應不及，未能提前採取措施，亦應有肇事原因。

至於駕駛人將車輛移到路肩時，是否能排除適用規定？

依據交通部路政司74.09.02.交路（74）字第18121號函解釋文如後[15]：

1. 停於路邊之車輛，如不妨害交通，未遇道路交通安全規則第112條第1項第13款之晝晦、風沙、雨雪、霧靄時或在夜間無燈光設備及照明不清之道路，自可免予依同款規定，顯示停車燈光或其他標識。

---

[13] 同前註。

[14] http://law.moj.gov.tw/，全國法規資料庫。

[15] https://www.mvdis.gov.tw

2.汽車在中途發生故障不能行駛，依照道路交通安全規則第112條第1
項第12款規定，應即設法移置於無礙交通之處，在未移置前或移置
後，均應樹立車輛故障標誌，甚為明確應無疑義。

以上兩者所規範之對象完全不同，前者為規範停於路邊之車輛；後者為
規範故障不能行駛之汽車，切不可混為一談。

因此，依據交通部解釋文所論，駕駛人即使將車輛移到路肩時，亦應依
規定設置「車輛故障標誌」，並未排除適用該法令之規定！

（三）直行自小貨車駕駛行為分析

本案件中行駛於外側車道之自小貨車駕駛，於相關跡證顯示，無法反應
機車騎士變換車道之行為，因此，並無肇事原因。

肆、結語

本文首先探討有關救護車執行任務時所應注意之事項，若一旦發生肇事
時，駕駛人相關的作為完備與否攸關是否有肇事原因，亦關乎最後肇事責任
的歸屬問題，執行緊急任務的人員不可不知。包括：應該同時開啟警示燈及
警鳴器，雖然原則得不受標誌、標線及號誌指示之限制，惟因該車輛之行駛
方式甚為危險，故交通部之解釋文中特別表示：「在行車技術上仍應特別顧
及行人及其他車輛之安全」。

作者業於文中分別就「道路交通安全規則」、「交通部解釋文」、
「闖紅燈行為」、「視線阻礙」以及「法律規範的對象不同」等五層面來探
討分析。冀望提供相關執法人員於執行公務時，亦能保障自身之重大權益。

另外，本文探討故障車輛引發之交通事故原因，車輛定期檢修是避免
「途中故障」最好的方式之一，相信所有的駕駛人都不願意自己的愛車於行
駛途中發生拋錨的狀況。不過，導致愛車發生故障的原因卻仍有許多無法控
制的因素。因此，一旦車輛故障時，該如何處置，以有效的維護自身與他人
的用路安全，駕駛人仍須充分的了解並熟記，以避免不幸的交通事故發生。
包括：首先應即設法移置於無礙交通之處。並注意該故障車輛在未移置前或
移置後均應豎立「車輛故障標誌」。擺放的距離更須注意，若在行車時速逾

40公里之路段，應豎立於車身後方30公尺至100公尺之路面上；若在行車時速40公里以下之路段，應豎立於車身後方5公尺至30公尺之路面上。這項作為的正確與否攸關後方駕駛人的反應時間與距離，為了安全，駕駛人必須確實做到。千萬不可誤以為僅開啟警示燈，即完成責任了，有關爭點，作者業於文中詳盡分析交通部之解釋文，甚為明確，應無疑義。

最後藉由本文實際案例的探討與分析，希望透過正確的觀念與作為，駕駛人能避免引發道路交通事故的因子，進而提升社會大眾用路的安全，以減少生命與財產的損失。

壹、緒論

　　為確保用路者安全，並提高道路使用率，根據道路相關法令及道路交通設施，規範用路者，在一定的時間或空間內，使用道路之權利，吾人稱為「路權」。

　　我國對於路權的規範法令相當多，包括用路人違反路權時予以處罰規定的「道路交通管理處罰條例」、其次說明指引用路人變換車道、迴轉、倒車、行經路口時應遵守相關規定的「道路交通安全規則」、另有規範各種標誌、標線、號誌意義以確保用路人安全的「道路交通標誌標線號誌設置規則」、駕駛人一旦行駛在特別的公路上時應遵守的「高速公路及快速公路交通管制規則」、以及用路人於道路發生交通事故時，所應遵行之「道路交通事故處理辦法」，以確保自己與其他用路人的安全，詳如圖5-1所示。

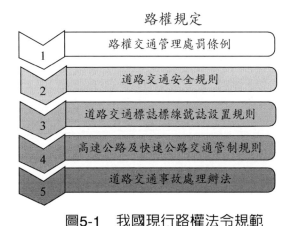

路權規定

1. 路權交通管理處罰條例
2. 道路交通安全規則
3. 道路交通標誌標線號誌設置規則
4. 高速公路及快速公路交通管制規則
5. 道路交通事故處理辦法

圖5-1　我國現行路權法令規範

貳、追撞事故與路權

一、案例一

（一）案由

A駕駛人為前行車，卻為後方車B駕駛人所追撞，誰應負起肇事責任？

（二）分析探討

依據道路交通安全規則第94條第1項的規定為：「汽車在同一車道行駛時，除擬超越前車外，後車與前車之間應保持隨時可以煞停之距離，不得任意以迫近或其他方式，迫使前車讓道。[1]」據此，吾人可知後方車駕駛人如因未能保持安全距離而追撞前行車，因違反規定自應負起肇事責任。

不過若前行車駕駛人因車輛故障不能行駛時，應如何處置？依據道路交通安全規則第112條第1項第12款規定為：「應即設法移置於無礙交通之處。該故障車輛在未移置前或移置後均應豎立車輛故障標誌。該標誌在行車時速四十公里之路段，應豎立於車身後方五公尺至三十公尺之路面上，在行車時速逾四十公里之路段，應豎立於車身後方三十公尺至一百公尺之路面上。[2]」

然而，以作者的實務經驗，許多故障車輛後方並未依法豎立車輛故障標誌，此時，若後方車B駕駛人追撞前行車時，由於前方車並未踐履法令的規定自應負起部分的肇事責任，而非全可歸責於後方車駕駛。

對於部分駕駛人並無突發狀況卻驟然減速而導致事故發生，依同法第94條第2項前段規定：「汽車除遇突發狀況必須減速外，不得任意驟然減速、煞車或於車道中暫停。」因違反此一規定，故前方駕駛人應負起事故責任。同時，立法院於102年12月24日三讀通過：急踩煞車等道路霸凌行為，將開罰6,000元至24,000元。警方將以備有行車紀錄器之偵防車穿梭於車陣間，若遇到惡意逼車的駕駛，便拿出警示燈，主動攔停路肩，帶回局內偵訊舉發。

---

[1] http://law.moj.gov.tw/，全國法規資料庫。
[2] http://law.moj.gov.tw/，全國法規資料庫。

另對於部分駕駛人不顧安全「蛇行」任意轉換車道之道路霸凌行為而導致後方車輛追撞等交通事故發生，亦將依立法院三讀通過條文：開罰6,000元至24,000元。再觀道路交通安全規則第98條第1項第6款的規定為：「汽車在同向二車道以上之道路，變換車道時，應讓直行車先行，並注意安全距離。[3]」因此，若前方車變換車道不當而導致後方車的追撞情事，自應為肇事原因並負起肇事責任。

參、路口路權與交通號誌

依據道路交通安全規則第102條第1項第1款規定[4]：汽車駕駛人行經交岔路口時，應遵守「燈光號誌」或「交通指揮人員之指揮」。然而許多駕駛人心中往往有疑問─若遇有交通指揮人員指揮與燈光號誌並用時，究竟應該遵守號誌或是交通指揮人員的指示呢？依同條文後段規定：駕駛人行駛中一旦遇有交通指揮人員指揮與燈光號誌並用時，應以交通指揮人員之指揮為準。

又何謂「燈光號誌」？其實這是相當複雜的問題，然而對駕駛人的用路安全卻是相當重要者。依據道路交通標誌標線號誌設置規則第194條規定，號誌依其功用可分為[5]：行車管制號誌、行人專用號誌、特種交通號誌。其中行車管制號誌依運轉方式可分為以下三類：定時號誌、交通感應號誌、以及交通調整號誌。另行人專用號誌依運轉方式則可分為：定時號誌與行人觸動號誌。最後，特種交通號誌又包括七項號誌：車道管制號誌、鐵路平交道號誌、行人穿越道號誌、特種閃光號誌、盲人音響號誌、匝道儀控號誌，以及大眾捷運系統聲光號誌。其中行人專用號誌與盲人音響號誌是專供行人使用；匝道儀控號誌主要設置於高速公路或快速公路的入口匝道，以達到限制車輛進入高（快）速公路主線之目的。詳如圖5-2所示。

駕駛人於路上行駛最常遇見的「行車管制號誌」，係藉圓形之紅、黃、綠三色燈號及箭頭圖案以時間更迭方式，分派不同方向交通之行進路權。若違反號誌規定，如汽車駕駛人，行經有燈光號誌管制之交岔路口闖

---

[3]　http://law.moj.gov.tw/，全國法規資料庫。
[4]　http://law.moj.gov.tw/，全國法規資料庫。
[5]　http://law.moj.gov.tw/，全國法規資料庫。

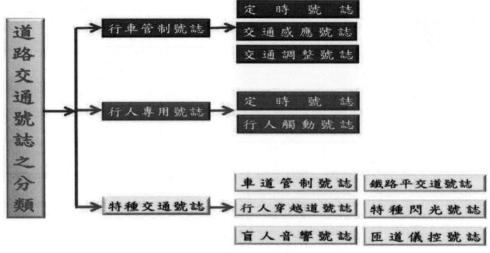

圖5-2　我國道路交通號誌之分類

紅燈者，依據道路交通管理處罰條例第53條規定，處新臺幣1,800元以上
5,400元以下罰鍰；前項紅燈右轉行為者，處新臺幣600元以上1,800元以下
罰鍰[6]。

　　因此，駕駛人行經設置行車管制號誌之路口倘若發生交通事故，吾人首
先應查明那一方有違反號誌管制情形，由於闖紅燈者已違反道路交通管理處
罰條例第53條規定，當然具備肇事原因，自應負起肇事責任。

　　不過由以下的案例探討，駕駛朋友們千萬別以為綠燈亮了就算有路
權。

一、案例一

（一）案由

　　本案發於101年6月29日晚上，肇事地點位於新北市板橋區民生路、文
化路口。新北市一名游姓男子駕車在路口等候，見綠燈亮，立即起步，卻將
騎單車搶黃燈、正穿越馬路的江姓男子撞傷，該場車禍造成單車騎士江姓男

子左腳粉碎性骨折、左腳踝骨骨折等傷害。

游姓駕駛自辯擁有優先路權,無過失責任,但高等法院認定,游男未隨時注意車前狀況致釀車禍,違反交通規則,依過失傷害罪判他拘役50天,可易科5萬元罰金,本案定讞[7]。

(二)分析探討

法院審理時,游姓自小客駕駛大喊冤枉,他聲稱有優先路權,當時已亮起綠燈,才會起步直行,且江男未加裝車燈,也不應搶黃燈,而他當時視線被右方車輛擋住,等發現江男時,已來不及煞車,並無過失責任。高等法院審理時指出,依「道路交通安全規則」第94條第3項規定[8],駕駛人應注意車前狀況,並隨時採取必要安全措施。游男坦承起步前未注意前方狀況,顯然有肇事的過失傷害責任,這和有無優先路權,並無直接關係。據此,道路交通事故的責任判斷歸屬,所應考量的因素不僅限於「路權」因素,相關的法令規範仍是駕駛人所應一併遵守注意者。

作者要特別提出「闖黃燈」的問題,值得注意的是現行相關法令並無規定黃燈時段通行是違規的行為,一般人會稱闖黃燈是違法的行為,其實不然,依據道路交通標誌標線號誌設置規則第231條第1項第1款規定[9],黃燈時間依行車速限不同而有變化,當行車速限為50km/hr以下,黃燈時間3秒、行車速限為51~60km/hr,黃燈時間4秒、行車速限為61km/hr以上,黃燈時間5秒。亦言之,行車速限越高,黃燈時間會越長,其主要目的是要讓駕駛人有反應的時間與空間,因為,當駕駛人臨近交岔路口時見到號誌變為黃燈,若要緊急煞車恐會造成不當的追撞車禍。同時,黃燈時段具有清道的功能,因此,黃燈時間的設計與行車速限是有相關的,主要目的是要考量駕駛人用路的安全,若時間設計不當極易引起道路交通事故的發生。

駕駛人於路上行駛也會遇到特種閃光號誌,依據道路交通標誌標線號誌設置規則第211條第1項第1款規定[10],閃光黃燈表示「警告」,車輛應減速接近,注意安全,小心通過,如圖5-3黑線所圈者。閃光紅燈表示「停車

---

[7] 2012/8/5/自由時報。
[8] http://law.moj.gov.tw/,全國法規資料庫。
[9] 同前註。
[10] http://law.moj.gov.tw/,全國法規資料庫。

圖5-3 特種閃光號誌

再開」，車輛應減速接近，先停止於交岔路口前，讓幹道車優先通行後認為安全時，方得續行。依據該法內容，吾人可知行經閃光紅燈的駕駛人是支線道，行經閃光黃燈的駕駛人則是幹道車。不過，一旦發生交通事故時，許多人往往以為幹道車就完全沒有責任嗎？答案未必是如此，首先，幹道車的駕駛人要踐行車輛應減速接近的規定，並應注意前方狀況。可是，許多駕駛人卻並未減速接近，所以也構成肇事的原因之一，既有肇事原因當然要負起部分的肇事責任，駕駛人不可不慎。

駕駛人於路上行駛也可能會遇到行人穿越道號誌，依據道路交通標誌標線號誌設置規則第186條第1項規定[11]：「斑馬紋行人穿越道線，設於道路中段行人穿越眾多之地點。但距最近行人穿越設施不得少於二〇〇公尺。」同條第2項前段規定：「本標線之線型為兩條平行實線，內插斜紋線，均為白色。」又同條第3項規定：「設有本標線之地點，應配合設置『行人穿越道號誌』，指示車輛駕駛人提高警覺。距斑馬線三〇公尺至一〇〇公尺之路側，須設置『當心行人』標誌，並得於路面上標寫『慢』字。」

一旦駕駛人行經該處，應如何因應？同法第194條第3款規定[12]：「行人

---

[11] http://law.moj.gov.tw/，全國法規資料庫。
[12] 同前註。

穿越道號誌係以並列之圓形雙閃黃色燈號，警告接近之車輛應減速慢行，如有行人穿越須暫停讓行人優先穿越街道，設於斑馬紋行人穿越道標線前。」因此，若駕駛人行經設有行人穿越道號誌之處未減速慢行，並暫停讓行人優先穿越街道，因而發生交通事故，自負有肇事原因，亦應承擔肇事責任。

二、案例二

（一）案由

A駕駛人為直行車欲通過交岔路口時，卻與對向左轉車B駕駛人發生車禍，誰應負起肇事責任？

（二）分析探討

看似簡單的一起交通事故，然而狀況卻相當複雜，首先依據道路交通安全規則第102條第1項第7款規定[13]：「汽車行駛至交岔路口，轉彎車應讓直行車先行。」因此，吾人可知若直行車與左轉車發生車禍時，路權應屬直行車的駕駛人。不過實務上卻不盡然如此，因為我們要詳細勘察事故現場的相關交通設施，例如交通號誌的運轉方式為何？若為普通二時相，路權自應依據轉彎車應讓直行車先行之規定。惟若交通號誌屬早開或遲閉二時相時，情況可能又不同，當左轉車B駕駛人行經路口時，見到左轉箭頭綠燈亮起時，表示直行車A駕駛人方向的號誌應為紅燈，因為，依據道路交通標誌標線號誌設置規則第230條第3項後段規定[14]：「左轉箭頭綠燈與對向號誌之圓形綠燈或直行箭頭綠燈不得於同一時相並亮。」易言之，直行車應停於停止線前，此時的路權自應歸屬左轉車B駕駛人這一方而非直行車，同時直行車駕駛涉及違反號誌闖紅燈之規定，詳如圖5-4所示。

另交通號誌若屬輪放式三時相、輪放式四時相、左轉保護三時相或左轉保護四時相時，都會發生與上述論點相同的狀況，當左轉車B駕駛人行經路口時，見到左轉箭頭綠燈亮起時，表示直行車A駕駛人方向的號誌應為紅燈，因此直行車駕駛涉及違反號誌闖紅燈行為，本文以左轉保護三時相交通號誌詳說明如圖5-5所示。

---

[13] http://law.moj.gov.tw/，全國法規資料庫。
[14] 同前註。

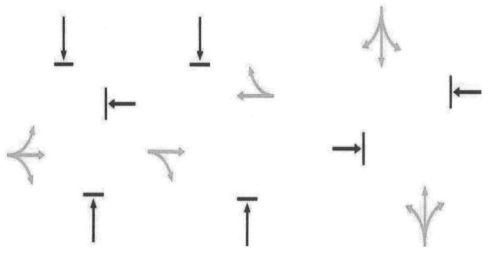

圖5-4　早開二時相交通號誌

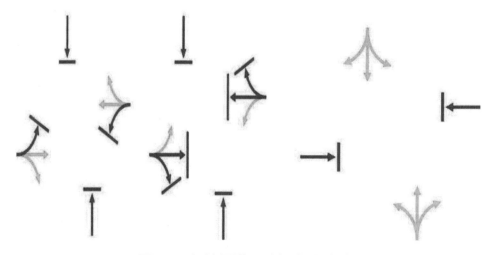

圖5-5　左轉保護三時相交通號誌

肆、路口路權與交通標誌、交通標線

　　然而並非所有的路口皆設有交通號誌，若駕駛人行經未設有交通號誌之路口，該如何通行才是正確而安全的？

　　依據道路交通安全規則第102條第1項第2款規定[15]：「汽車行至無號誌或號誌故障而無交通指揮人員指揮之交岔路口，支線道車應暫停讓幹線道車先行。未設標誌、標線或號誌劃分幹、支線道者，少線道車應暫停讓多線道先行；車道數相同時，轉彎車應暫停讓直行車先行；同為直行車或轉彎車者，左方車應暫停讓右方車先行。但在交通壅塞時，應於停止線前暫停與他方雙向車輛互為禮讓，交互輪流行駛。」

　　法令雖明確規範汽車行至無號誌之交岔路口時，「支線道車應暫停讓幹線道車先行」，然何謂支線道車？又何謂幹線道車？

　　依據道路交通標誌標線號誌設置規則第59條第1項及第2項前段規定[16]：「讓路標誌」，用以告示車輛駕駛人必須慢行或停車，觀察幹道行車狀況，讓幹道車優先通行後認為安全時，方得續行。設於視線良好交岔道路次要道路口或其他必要地點。該標誌屬禁制標誌，形狀為倒三角形，白底、紅邊、黑色「讓」字。因此，駕駛人若行車方向若見到讓路標誌時自屬支線道車，故依法應採取慢行或停車之動作並觀察幹道行車狀況，優先讓幹道車通行後認為安全時，方得續行。

　　另依據道路交通標誌標線號誌設置規則第58條第1項及第3項前段規定[17]：「停車再開標誌」，用以告示車輛駕駛人必須停車觀察，認為安全時，方得再開。設於安全停車視距不足之交岔道路次要道路口。該標誌屬禁制標誌，形狀為八角形，紅底白字白色細邊。因此，若駕駛人行車方向見到停車再開標誌時自屬支線道車，故依法應採取停車之動作並觀察幹道行車狀況，優先讓幹道車通行後認為安全時，方得再開。

　　另依據道路交通標誌標線號誌設置規則第172條第1項及第2項前段規

---

[15] http://law.moj.gov.tw/，全國法規資料庫。
[16] http://law.moj.gov.tw/，全國法規資料庫。
[17] 同前註。

定[18]：「讓路線」，用以警告車輛駕駛人前有幹道應減速慢行，或停車讓幹道車先行。視需要設於支道路口，或讓路標誌將近之處，在雙車道路面上，依遵行方向設於右側道之中心部位。該標線線型為白色倒三角形，如路口未設行人穿越道線者，則加繪兩條平行白虛線。因此，若駕駛人行車方向見到讓路線時自屬支線道車，依法應採取應減速慢行，或停車之動作，優先讓幹道車通行。

　　綜合上述分析，汽車駕駛人行至無號誌之交岔路口應恪遵以上法令規範，惟若無以上情形之標誌、標線或號誌劃分幹、支線道時，駕駛人應遵守「少線道車應暫停讓多線道先行」規定；倘若車道數相同時，轉彎車應暫停讓直行車先行；又同為直行車或轉彎車者，左方車應暫停讓右方車先行。詳如圖5-6所示。

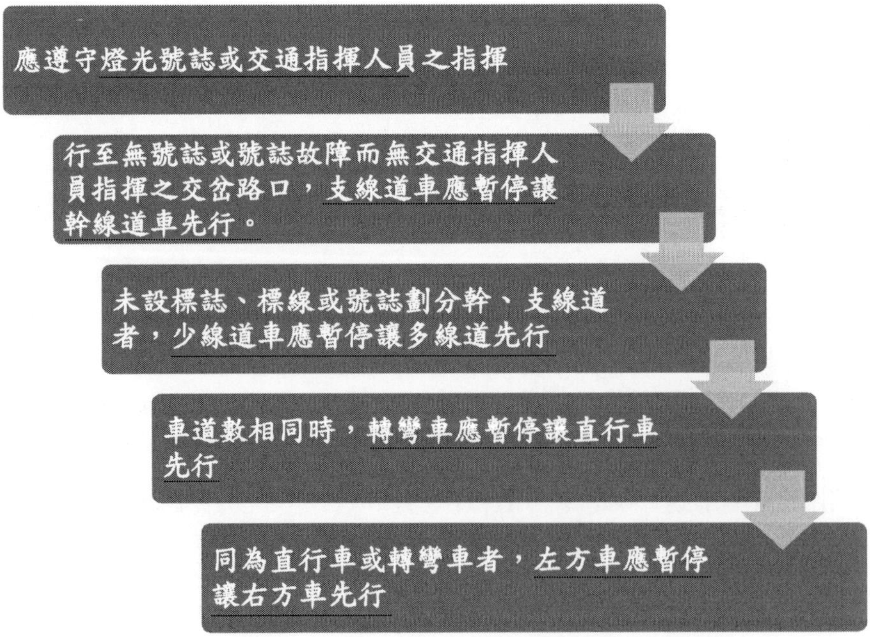

圖5-6　汽車行經交岔路口行進或轉彎之路權規定

---

[18] 同前註。

一、案例一

（一）案由

　　本案發生於93年9月26日下午，一名59歲的彭姓男子駕車沿臺中縣東大路往大雅鄉（現為臺中市大雅區）方向行駛，與欲左轉西平南巷的吳姓女機車駕駛發生車禍[19]。

（二）分析探討

　　自小客駕駛人彭姓男子駕車沿臺中市東大路往大雅區方向行駛，行經西平南巷「無號誌的交叉路口」時，吳姓女機車駕駛騎乘機車搭載尤姓友人從彭姓駕駛右後方駛來，欲左轉西平南巷，不慎與彭某轎車發生碰撞，造成吳女頭部受創，送醫不治。偵辦該案的檢察官認為，彭某當時行車時速35公里，行經交叉路口時未減速慢行，依過失致死罪嫌將他提起公訴。法官開庭時，彭姓自小客駕駛辯稱當時並未超速，他從後視鏡看到吳女機車駛來，直往內側車道靠近，並打方向盤左轉閃避，但因對方車速快，兩車還是發生碰撞。法官查出相關資料顯示，機車刮地痕起迄點都在內車道，顯示撞擊點約略在內車道中心，而根據汽車受損狀況，兩車當時都有往左偏駛的情形，彭某當時並未超速，肇事原因不排除是機車變換車道前未注意安全距離而未讓直行車先行。

　　因此，整起交通肇事的關鍵因素，在於同向並行車輛於變換車道時何者有優先路權，依道路交通安全規則第98條第1項第6款規定[20]：「汽車在同向二車道以上之道路，變換車道時，應讓直行車先行，並注意安全距離。」另同法第99條第1項第3款規定：「機車行駛之車道，應依標誌或標線之規定行駛，變換車道時，應讓直行車先行，並注意安全距離。[21]」據此，法官判決彭姓駕駛無罪。

---

[19] 2007/01/12/中國時報。
[20] http://law.moj.gov.tw/，全國法規資料庫。
[21] 同前註。

伍、違規停車事故與路權

一、案例一

（一）案由

　　本案發生於101年2月27日下午，蔡姓男子在交岔路口併排停車，造成林姓機車騎士視線不良，被迫變換車道時，撞上前方鄭姓商人駕駛的自小客車，臺中市車輛行車事故鑑定委員會鑑定認為，併排停車是肇事次因，臺中檢方依過失傷害罪將蔡性男子起訴[22]。

（二）分析探討

　　檢方於起訴書指出，蔡姓男子於2月27日下午駕駛自小客車，在北屯區漢口路與文昌東六街交岔路口旁停車，應該注意交岔路口不得臨時停車、不得併排停車，但蔡男疏於注意，在交岔路口附近臨時併排停車。隨後一名林姓男子從後方騎乘重型機車而來，沿漢口路往崇德方向行駛，因蔡男併排停車，被迫往左變換車道時，撞上前方由鄭姓商人駕駛的自小客車，林男右股骨頸骨折，憤而控告蔡姓駕駛涉及過失傷害。

　　鑑定報告書指出，林男騎乘重型機車遇狀況往左變換車道，擦撞快車道車輛，為肇事主因，蔡男駕駛自小客在交岔路口附近併排停車，妨礙機車通行，為肇事次因，因此，認定林男受傷與蔡男將自小客車停在交岔路口的過失行為有因果關係。

　　依據道路交通安全規則第111條第1項第2款臨時停車的規定為[23]：「交岔路口、公共汽車招呼站十公尺內、消防栓、消防車出入口五公尺內不得臨時停車。」同條文第5款規定為：「不得併排臨時停車。」

二、案例二

（一）案由

本案發生於98年1月，基隆市一名楊姓男子駕車行經北海岸濱海公路時，將汽車違規停在路邊彎道與朋友聊天，被海巡署的警備車撞傷成中度痴呆。臺北地院認定海巡署的駕駛超速，但楊姓駕駛人違規停車要負一半責任，判決海巡署賠償263萬多元[24]。

（二）分析探討

依據道路交通安全規則第112條第1項第2款停車的規定為[25]：「在設有彎道、險坡、狹路標誌之路段、槽化線、交通島或道路修理地段不得停車。」

然而被撞成重傷的楊姓男子駕車經過濱海公路，卻將車子停在馬路的彎道處外側車道上，並站在車旁與坐在重型機車上的林姓男子聊天。隨後海巡署一名周姓小組長駕駛的警備車由後方開來，因閃避不及，先擦撞路邊的機車，再撞上楊姓男子。因而導致楊姓男子被撞致手腳及頸椎多處骨折、顱內出血、右腎摘除；經過治療復健，腦部記憶、認知功能都受到損害，成中度痴呆。被害人家屬提起國家賠償訴訟，要求海巡署賠償800萬元。海巡署的駕駛則辯稱，楊男違規停車占據車道形成路障，還站在車門旁聊天，才造成車禍。

法院開庭審理後指出，海巡署周姓小組長疲勞駕駛且超速為部分肇事原因；但楊姓男子將車輛違停占用車道三分之一以上，致使其他車子無法安全通行使用，同時要負起一半的過失責任。

陸、結語

肇事原因分析是根據各方當事人的駕駛行為、現地的交通設施如標誌標線號誌、以及相關法令如路權規定、各項跡證等予以分析、研判的一項具有

---

[24] 2012/06/01/聯合報。
[25] http://law.moj.gov.tw/，全國法規資料庫。

技術性的專門工作。

　　透過以上作者所列舉出之各項實務案例，吾人可知路權並非是影響肇事原因唯一的因素，以105年為例，警察單位處理的車禍案件超過50萬件。同時依據警察單位受理民眾報案的情況分析，有超過三分之一個案件是屬於交通類。若以一件車禍有兩個當事人來計算，每年大約有100萬個家庭會受到道路交通事故的影響，足見交通與民眾息息相關。

　　一件交通事故的發生後往往都會造成人命的損失或財物的損壞，被害人除了生命、財產蒙受重大傷害與損失外，駕駛人更是要為民事責任付出巨額的賠償、以及承當刑事責任與行政責任，如駕駛人能充分了解本文所探討之案例與法令規範，相信必能減少許多不必要的悲劇發生，並能保障自身與他人行的安全與權益。

壹、緒論

每件道路交通事故的嚴重程度都不同，依據警政署所頒布之「道路交通事故處理規範」，可分為A1類、A2類、及A3類等三種。A1類是最嚴重的交通事故，係指造成人員當場或24小時內死亡之交通事故。可想而知，任誰都不願意發生這類的交通事故。不過，除了駕駛人自身遵守交通法令規定外，路上仍有許多突發的狀況，非吾人所能預期，例如：酒後駕駛、闖紅燈、嚴重超速、逆向行駛……等違規行為。

一旦遇到嚴重的交通違規事件時，可想而之其後果，往往就是我們所最不願意接受的交通事故類型。此時，對所有當事人的眷屬而言，都猶如晴天霹靂、哭斷肝腸、無法接受。

因此，警察同仁處理這類型態的交通事故時，除應秉持著公正、完整、正確、細心、迅速的原則外，更應以「同理心」來面對，因各方當事人家屬皆希望警察同仁能找出真相，還給雙方一個公道。

故而，警察同仁應特別留意相關的程序：保護現場是第一要務，同時把握時間仔細搜尋現場傷亡人員，不逕自判定是否死亡，有傷者，應儘速送醫急救。接續最重要的步驟就是現場勘察，現場的所有相關的重要跡證絕不可以疏忽遺漏，包括：煞車痕、刮地痕、車輛本身的車損、車體烤漆移轉、人倒地位置、車輛停止位置、散落物等。倘若有所疏失，都可能導致後續警察機關進行的初步分析研判、行車事故鑑定會鑑定、及行車事故鑑定覆議會覆議等工作的正確性失真，最後，受害者當然就是無辜的民眾以及警察機關自身的公正性與榮譽。

因此，本文主要透過數個引發民眾爭議、抱怨連連的實際車禍案例，予以檢視、分析、進一步提出改善建議，包括：交通事故現場勘察、交通事故

現地拍照、交通事故現場圖繪製、及交通事故處理改善建議等事項，以提供交通事故處理人員日後面對肇事案件的策進作為。

貳、交通事故案例—問題與改善

一、案由

本案發生於101年6月某日深夜，年約51歲的王姓男子開車返回新北市住處，途經高速公路南下匝道A公里外側車道，與陳姓男子駕駛的砂石車發生碰撞，王姓自小客車駕駛當場死亡。

本案經移送地檢署後，檢察官深入調查本起死亡車禍時，竟發現「道路交通事故現場圖」有兩個不同的版本，其中處理同仁在現場繪製的草圖，原本有兩項關鍵的跡證包括：「煞車痕」及「兩車擦撞痕」，然而正式現場圖時卻憑空消失，檢方懷疑其間涉及包庇不法，將追究警方有無瀆職等刑責[1]。

二、事故處理缺失分析探討

（一）交通事故案件屬性分析

本案發生後，因王姓自小客車駕駛當場死亡，依據警政署所頒布之「道路交通事故處理規範」對於事故的定義，係屬於A1類道路交通事故，應無疑義。

（二）A1類交通事故案件作為分析

依本文於第一件案例中分析所述，車禍處理小組同仁趕抵事故現場的作為，包括：拍照、攝影、跡證蒐證、談話紀錄、調查筆錄、事故現場圖測繪製作、當事人酒精測試、自首情形調查、當事人登記聯單等。惟不同類型的交通事故，現場的作為仍有所不同，以本案為例，因屬於A1類交通事故，依據警政署所頒布「道路交通事故處理規範」，車禍處理同仁尚有許多事項

---

[1]　2012/9/5/自由時報。

應注意，如：應即通報指派刑事或鑑識人員支援蒐證及地方法院檢察署派員
協同處理、現場完成蒐證後報請檢察官相驗。另於夜間所發生的重大交通事
故或A1類交通事故，針對現場道路環境、重要跡證與現場全景環境無法清
楚拍攝者，處理同仁應於翌日返回現場實施勘察並攝（錄）影。茲將A1類
道路交通事故發生時，處理同仁應有的通報作為內容以圖6-1示之。

　　本案發生後初步認定是屬於A1類交通事故，除應填寫當事人登記聯單
外，茲將處理同仁現場應有的作為內容以圖6-2示之。

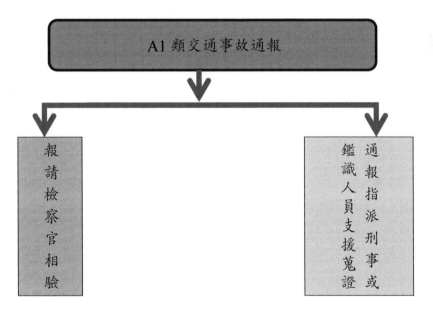

圖6-1　A1類交通事故處理同仁通報作為

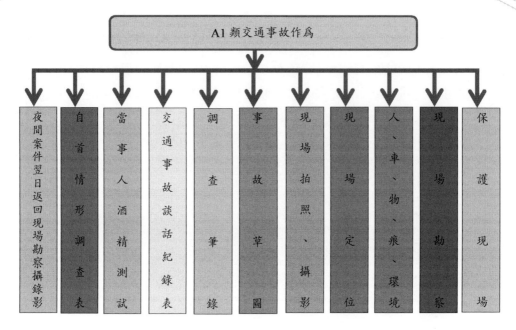

圖6-2　A1交通事故處理同仁現場應有作為

（三）本案爭點一與分析

　　該交通事故發生後的幾天，王姓自小客車駕駛家屬所委任的陳姓律師收到本件事故正式現場圖時，發覺現場圖上的「現場處理摘要」欄位中，處理同仁係陳述「小客車操作不當，於路肩失控翻覆」等字，他覺得有異，因此，遞狀呈報檢察官[2]。

　　承辦楊姓檢察官收到狀子後，查核自己手上的事故現場草圖，竟發覺與律師提交的現場圖是不一樣的。檢察官手上現場草圖的「現場處理摘要」欄位記載「A車（小客車）與B車（砂石車）擦撞，A車駕駛死亡」；惟警方給家屬的正式現場圖卻變成「A車（小客車）因操作不當，於路肩失控翻覆後遭B車（砂石車）撞及，A車駕駛死亡」。

　　吾人應了解交通事故發生的原因，往往錯綜複雜，首先要蒐集齊全各項資料包括：人、車、物、痕、環境、筆錄、證人、監視畫面、交通設施、現

---

[2]　2012/9/5/自由時報。

場圖、照片等，再透過專業逐一檢視、分析、比對、查核，相關步驟缺一不可。

　　易言之，事故的成因通常並非現場處理人員可立即研判，同時為了維持警方處理公正的立場，事故處理同仁於現場圖的「現場處理摘要」欄位填寫時，應中性描述事故的發生，切勿加入具有肇事原因的文字敘述，而引起不必要的誤會。

　　以本案為例，處理同仁於現場繪製的草圖係描寫：「A車（小客車）與B車（砂石車）擦撞，A車駕駛死亡」，是恰當的。然處理同仁事後所繪製的正式現場圖則描寫：「A車（小客車）因操作不當，於路肩失控翻覆後遭B車（砂石車）撞及，A車駕駛死亡」，是不恰當的，因欄位當中文字的敘述已包含肇事的原因分析。

　　另外，處理同仁依據現場草圖繪製正式現場圖時，應特別注意：前、後圖應一致，不可變更文字、數據、痕跡等相關資料，應據實繪製填寫，以切實維護當事人之權益。

（四）本案爭點二與分析

　　本案的第二項爭點是：該交通事故的草圖上原有50公尺長的煞車痕，但是，到了家屬這份正式現場圖時卻消失不見[3]。

　　審核小組表示：事故發生後幾天，有到現場看過，處理同仁畫的煞車痕應是重車重複輾壓產生的「車側痕」，不是該車禍煞車痕，他認為該員誤判才要求改圖。

　　舉凡道路交通事故發生，對於現場跡證勘察的要領，處理同仁要把握以下原則，對現場易變化、易消逝之跡證，如落土、碎片、煙霧、水漬等，應儘速定位、拍照存證。

　　本案因發生於車流量大的高速公路，煞車痕極易因其他車輛的操作而發生變化、消逝等情形。因此，處理同仁自應把握時間，將人、車、物、痕、環境等定位、測繪、拍照、及攝影存證，以維當事人的重要權益。惟審核小組卻於事故發生後約8天方到現場勘察，此已違反前述原則，以及警政署所

---

[3] 2012/9/5/自由時報。

頒布「道路交通事故處理規範」中，要求同仁處理交通事故時應秉持「公正、完整、正確、迅速、安全」之原則。

　　汽車駕駛人行駛道路時，一旦遇有緊急狀況，往往會緊急踩下煞車踏板，此時，因輪胎與路面摩擦產生高度熱量，瞬間融化柏油或引起輪胎橡膠表面熔脫而形成黑色的摩擦痕，即所謂的煞車痕[4]。茲以圖6-3、圖6-4表示之，圖中灰圈範圍標示者即為駕駛人踩下煞車踏板後於地面上所留下的煞車痕跡。處理同仁於交通事故現場勘察時，只要留心車輛停止的位置，再沿其汽車行駛方向回溯即可觀察之。

　　另煞車痕的長度與汽車駕駛人的行車速度有著密切關聯[5]，事故處理的現場同仁不可不知、不可不慎，以免失去還原交通事故發生真相的契機，進而影響損及當事人的重大權益。相關的計算公式說明如下：

$$f = S^2 \div (254D)$$

f：路面摩擦係數
S：車速（公里／小時）
D：煞車滑痕長度之平均值（公尺）

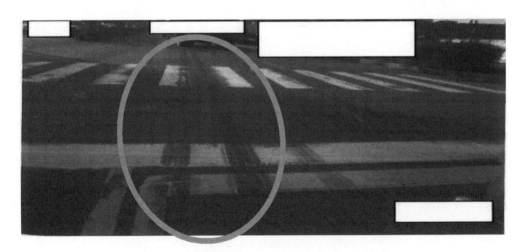

圖6-3　汽車駕駛人緊急煞車所產生煞車痕

---

[4]　蘇志強（2010），交通事故偵查理論與實務，自版。
[5]　同前。

圖6-4　汽車駕駛人緊急煞車偏向所產生煞車痕

　　另本案件因屬於A1類交通事故，依據「道路交通事故處理規範」第二章受理報案第8點規定：應即請求指派刑事或鑑識人員到現場支援蒐證。這項規定的最初用意就是要特別保障這類事故當事人的重大權益，希望能藉重刑事或鑑識人員的專業，進行更完整的跡證蒐集，以利還原事實真相，對於各方勿枉勿縱，同時能避免日後不必要的紛爭。

　　再查警政署所頒布「道路交通事故處理規範」第四章蒐證調查第18點之規定：「現場勘察之同時，得先行繪製現場草圖。俟現場管制撤除，恢復交通後，再依據現場草圖之紀錄，製成現場圖。」本案處理同仁於事故現場先繪製現場草圖，再依據現場草圖之紀錄，製成正式現場圖，這部分程序是正確無誤的。

　　至於現場處理同仁已繪製好的現場圖或現場草圖，能否修改？

　　依據「道路交通事故處理規範」第19點第1項前段規定：「當場繪製之現場圖或現場草圖，應由當事人或在場人認定簽證，不得任意塗改。」

　　惟若事故現場的跡證的確與現場圖之間有所不同時，不論是警方自行發覺或民眾提出，為能還原事實的真相，同時避免影響當事人的權益，此時該如何處理？

依據第19點第1項規定，如有更正時，要具備以下四項要件，詳如圖6-5所示：

1. 仍應留存原字跡。
2. 並註明更正原因。
3. 更改處應請當事人捺印簽證。
4. 且禁止使用修正液。

另同點第2項規定：「當事人無法當場簽證或拒簽者，應將其原因註記於圖上，其於事後補行簽證者亦同，並應記明補簽證日期及地點。」

同點第3項規定：「以現場草圖供當事人簽認者，應併現場圖附卷陳報。」

以本件交通事故為例，警方擅自修改現場圖的做為，因未依據警政署所頒布「道路交通事故處理規範」之規定，已違反程序正義，並嚴重傷害民眾的權益，及損害警政單位的公正形象，實不足取。

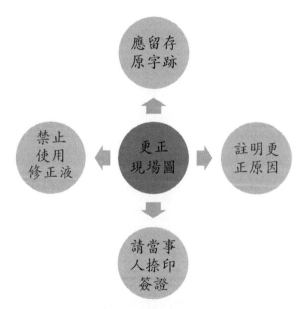

圖6-5　修改交通事故現場圖應遵守的要件

三、事故處理改善建議

（一）現場處理摘要

　　前已闡明一件交通事故的成因，通常並非現場處理人員可立即研判，同時為了維持警方公正的立場，事故處理同仁填寫現場圖的「現場處理摘要」欄位時，應謹記以中性描述事故的發生為原則，切勿加入具有肇事原因的文字敘述，而引起爭議、誤會。

（二）現場勘察

　　交通事故現場的各項跡證是還原事實真相的重要元素，警察同仁切不可等閒視之有所遺漏，造成不可挽回的遺憾、傷害民眾。

（三）同理心

　　「人同此心，心同此理」，倘若吾人親朋好友等發生不幸事故，警察同仁皆能以公平、公正、細心之原則處理，必能減少許多不必要之紛爭。

參、交通事故案例二問題與改善

一、案由

　　本案發生於103年5月某日下午，肇事地點位於臺南市歸仁區大同路三段[6]。被害人是一名機車騎士，其於路口先停等紅燈，待綠燈時起步，就撞上對向違規左轉的轎車。

　　交通事故發生後，家屬接受記者訪問時，表示令他們心中感到不平的是，警方處理人員僅對肇事者實施酒測，留下姓名電話後就讓對方肇事者離去，至今沒有完整筆錄，且再也找不到肇事者，家屬希望能找到肇事者，給他們一個交代。

　　面對家屬的心聲，該分局回應表示：當天車禍處理小組員警接獲報案到達現場時，傷者已被送醫，一般受傷案件都會等雙方和解，總不能一有車禍

---

[6]　2014/5/14/聯合新聞網。

就把人抓回來作筆錄，員警依照程序對肇事者實施酒測，沒想到傷者到院後死亡，肇事者避不出面，警方會用盡一切辦法找出轎車駕駛，要求他到案說明，釐清車禍原因。

二、事故處理缺失分析探討

（一）交通事故案件屬性分析

依據警政署所頒布「道路交通事故處理規範」第一章總則，道路交通事故發生後，依當事人傷亡、及財物損失情形，予以分為三類如下：

1. A1類：造成人員當場或24小時內死亡之交通事故。
2. A2類：造成人員受傷或超過24小時死亡之交通事故。
3. A3類：僅有財物損失之交通事故。

本案發生後，車禍處理小組員警接獲報案抵達現場時，傷者已被送醫，所以，初步認定該案件是屬於A2類交通事故，惟應積極適當的了解傷者的情形。因為，最初當事人雖為受傷送醫，非當場死亡，惟依A1類定義，只要是24小時內死亡之交通事故，亦歸屬於A1事故。因此，處理交通事故的同仁，應持續關注後續的變化。

（二）A2類交通事故案件作為分析

依據警政署所頒布「道路交通事故處理規範」，車禍處理小組同仁面對不同類型的交通事故，現場的作為有所不同，包括：拍照、攝影、跡證蒐證、談話紀錄、調查筆錄、事故現場圖測繪製作、當事人酒精測試、自首情形調查、當事人登記聯單等。

本案處理同仁抵達現場時，初步認定是屬於A2類交通事故，因此，除應填寫當事人登記聯單外，尚應遵守道路交通事故處理規範中A2類交通事故必須要具備之作為，茲將應有的作為內容以圖6-6示之。

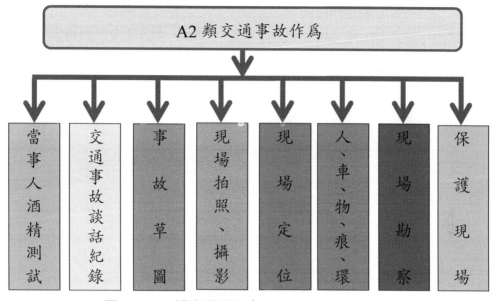

圖6-6　A2類交通事故處理同仁現場應有作為

三、事故處理改善建議

（一）遵守標準作業流程

1. 面對交通事故的處理，同仁應牢記相關處理的作為規定，因為，處理同仁的一個小疏失，都可能會導致當事人的重大損失。

2. 以本案件為例，事故處理的同仁，倘若都能依據警政署所頒布「道路交通事故處理規範」要點進行蒐證處理，對於當事人或家屬提出的質疑，方能據實一一回覆，並可避免民眾對於警方的誤會，更能保障當事人的重大權益。

（二）同理心

一般人在面對親人發生的重大意外時，心情沮喪與低落是吾人應予以體會及諒解的。以交通事故為例，一般人並不了解事故處理的相關作業程序及規定。因此，民眾針對各項跡證及作業程序提出質疑是人之常情，警方應以同理心及秉持為民服務的精神婉轉且耐心的回應當事人或眷屬們心中的各項

疑慮。切勿用對方是找執法機關之麻煩或挑戰之心理應對。

　　試想：倘若今天是吾人親朋好友等發生事故，吾人也會同樣地關心各項跡證及作業程序是否符合公平、公正之原則。

　　且警察同仁倘於事故處理時，皆能依據警政署所頒布「道路交通事故處理規範」中所要求的「公正、完整、正確、迅速、安全」原則，及相關的作業規定時，更毋庸擔心當事人及家屬的提問。

　　警方基於依法行政的作為，可以保障民眾的重要權益；透過適切的回答，可以藉機化解對方的疑惑，並增進民眾對於警方作業的了解與認知。

肆、結語

　　「悲慟」是本文探討各項案例中家屬共同的感受，相信社會大眾包括你我都不會例外，面對這麼多車禍案件的生離死別，「平安」的確是回家唯一的路。惟車禍發生都在瞬間，甚至可能是他人的因素，導致橫禍發生。

　　傷心之際，家屬一定都希望現場的警方能秉公處理，還給當事人一個公道。

　　透過以上筆者所列舉之各項實務案例，吾人可知交通事故處理應熟記標準作業流程。處理的態度要秉持公正、公平；蒐證要完整、細心、更要正確。若稍有疏忽，將會導致交通事故當事人的各項權益受到損害。

　　希望藉由本文實際案例的探討與分析，能避免如本文所提出的各項缺失，並依據筆者所提出的各項改善建議執行，相信會減少還原真實現場的許多阻礙。

壹、緒論

吾人要知影響交通事故之因素甚多，包括：人、車、路、交通設施等，易言之，除用路人為交通主要角色外，相關的道路設計、交通標誌、交通標線、交通號誌及街燈等因素亦會影響用路之安全。且相關之交通設施不應僅止於完備，吾人更應關切日積月累後，該等交通設施是否仍能發揮既有之功能。依據相關之法令可知，為使該等相關設施能發揮其應有之功能，主管單位應負有維護與保管之法律責任，以確實能保障大眾行的安全。依據道路交通標誌標線號誌設置規則第7條第1項：「標誌、標線、號誌應經常維護，保持清晰完整及有效性能[1]。」第2項：「標誌、標線、號誌遭受損毀時，應由主管機關及時修復，並責令行為人償還修復費用[2]。」同法第8條：「遮擋標誌、標線、號誌之物體及影響標誌、標線、號誌效能之廣告物等，均應由主管機關或各該物體之主管機關予以改正或取締[3]。」

每件道路交通事故發生後，刑事司法處理程序大致可分為：第一線警方蒐證處理工作、鑑定機關研判肇事原因、檢察官之起訴、最終法院之判決。第一線的警察處理同仁所應負起之各項蒐證工作，包括：現場圖繪製、當事人筆錄製作、照片拍攝及監視器調閱等。鑑定機關主要工作係以研判各造當事人之肇事原因為何。檢察官則因告訴、告發、自首等情形，知有犯罪嫌疑者，應立即展開偵查，倘依偵查所得之證據，足認被告有犯罪嫌疑者，依法應提起公訴；最後，法院依法進行審理及判決。警察機關、鑑定機關、檢察官及法院，四個不同單位所負之責任自不相同，惟彼此間卻有密不可分之關

---

[1] http://www.motc.gov.tw。
[2] 同前註。
[3] 同前註。

聯。

在確定交通事故之肇事責任前，吾人首先應釐清該起交通事故之原因爲何？倘若當事人有肇事原因，自應負起肇事責任。

肇事原因攸關之重大因素，包括：當事人的駕駛行爲、現行的法令規範、現場的交通管制設施、交通環境、道路品質、街燈照明設備等。因此，第一線的警察處理同仁責無旁貸要做好各項蒐證工作，包括對於人、車、物、痕、跡證、道路交通設施等。最初的蒐證工作越完備，未來越能助於鑑定機關對該起交通事故原因之研判；進一步有助於檢察官的偵查，以及法院之審理與判決。

因此，本文主要透過數個真實道路交通事故案件，予以檢視、分析各項跡證，包括：交通事故現場拍攝之照片、繪製之現場圖、行車紀錄器畫面、監視錄影畫面、筆錄內容，以及現行法令規範等，以釐清道路交通事故案件如何發生、爲何發生，進一步方能確定肇事之原因，達到勿枉勿縱之最終目的。

貳、交通事故案例一爭點與探討

一、案由

本案發生於102年1月某日傍晚，肇事地點位於某縣市成一路一段。本案件共有2位當事人，一位是A車沈姓大貨車駕駛，渠表示：沿成一路一段行駛，行經肇事地點時，突然聽見後方有碰撞聲音，我由右後照鏡看見一部機車人車倒地，當時後方有很多機車，我便停車下車察看，看到機車騎士有受傷，於是打電話報警處理。

另一位當事人是B車李姓機車駕駛，當場倒地，經送醫後不治死亡[4]。

---

[4] 爲遵守個資法規定，案例中的資料包括詳細日期及當事人資料，無法全部呈現。

二、交通事故現場概況分析

（一）交通事故拍攝照片分析

　　圖7-1、7-2顯示：為交通事故現場全景概況及警方於現場擺設交通錐以保護交通事故現場及警示後方人車之安全。

圖7-1　交通事故現場全景1

圖7-2　交通事故現場全景2

　　圖7-3、7-4顯示：為當事人機車倒地位置及其行車方向，分別以箭頭及白色線所圈繪示之；此二圖亦同時顯示該肇事地點之道路情況，現場路面有積水情形。

　　圖7-5顯示：為逆行車方向所拍攝的機車倒地位置，如灰線所圈繪者；由圖顯示該地點為一彎道，如箭頭所指示。

圖7-3　機車行向及倒地位置

圖7-4　機車倒地位置及路面情況

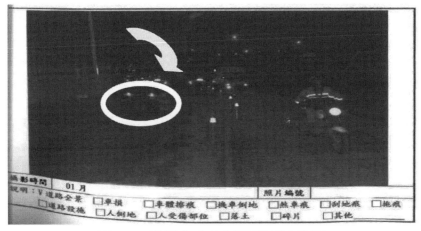

圖7-5 逆行方向拍攝機車倒地位置

（二）交通事故現場圖分析

　　圖7-6顯示：為此次案件的道路交通事故現場圖。該路段為雙向各一車道，車道約4.5米寬，以黑線所圈繪者，惟正式現場圖中並未標示該數據，僅草圖中註明；肇事雙方當事人A車大貨車與B車機車的行車方向是同向，如灰色箭頭方向所標示；另黑色箭頭所指為當事人機車倒地之位置。

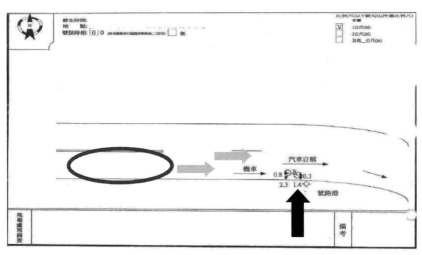

圖7-6 案例一道路交通事故現場圖

三、案例一爭點

　　A車大貨車是否有肇事原因？B車機車的肇事原因爲何？

四、重要跡證、駕駛行爲與法律分析

（一）相關重要跡證分析

　　圖7-7顯示：B車機車倒地之處所，路面明顯有積水之情況，以灰線所圈繪者。圖7-8顯示：路面有積水的情況非常嚴重，非僅侷限倒地之處所，遠處即有積水之情況，以白線所圈繪者。

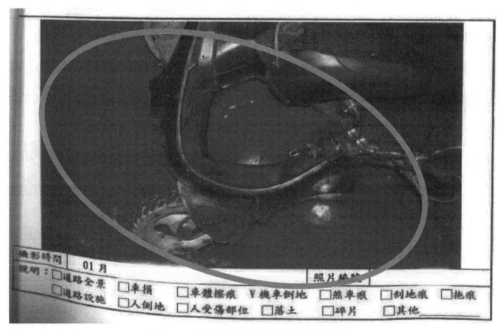

圖7-7　機車倒地現場積水情況1

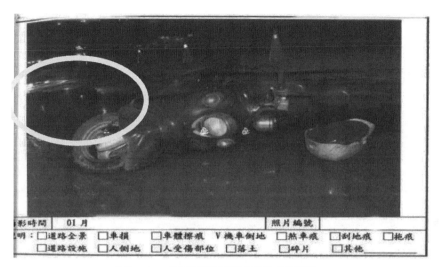

圖7-8　機車倒地現場積水情況2

　　圖7-9、7-10顯示：B車機車倒地之處所，以箭頭①所指；安全帽位置，以箭頭②所指；血跡位置，以箭頭③所指；以及路面積水的情況，以箭頭④所指。

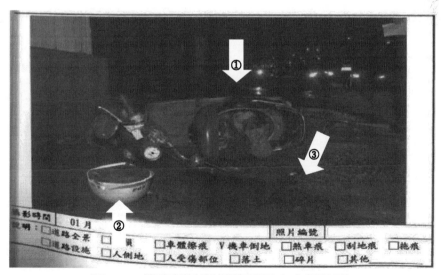

圖7-9　機車倒地現場情況及安全帽位置

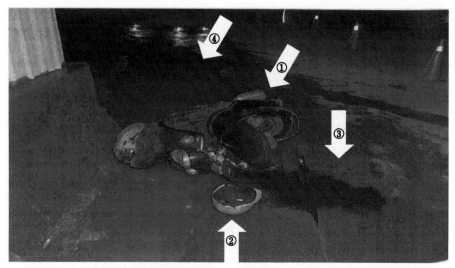

圖7-10　機車倒地現場情況、安全帽、血跡位置、積水情況

　　圖7-11顯示：B車機車倒地之處所除有路面積水之情況，路面有坑洞顯非平整，以白線所圈繪者。

圖7-11　機車倒地現場路面情況

（二）相關證人筆錄分析

　　證人甲於筆錄中稱：只注意到死者與許多機車騎在一起，大約有7～8臺機車。該路段的路況很不好、很不平，B車機車倒下處有一灘水。警方移置時，我有看見積水裡有一坑洞。

　　證人乙於筆錄中稱：大型車右後車尾與機車左前把手擦撞，之後重心不穩就倒地。當時天氣下毛毛雨、路況不好、視線也不好。

（三）現場勘察報告分析

　　透過該縣市警察局刑事鑑識中心支援現場勘察探證，進一步分析發現：B車機車左煞車桿至左照後鏡高度，約90～110公分，如圖7-12、7-13所示。而A車大貨車車身皆爲黃色，經檢視該車右側車身高度90～110公分處皆未發現明顯車損或刮擦或撞擊痕跡；A車大貨車唯一有的擦痕，是位於右後輪的後方車身，擦痕高度，約64～72公分，與前述高度並不吻合，其餘車身未發現明顯擦痕，如圖7-14至圖7-16所示。

圖7-12　機車左側車身情況

圖7-13 機車手把刮擦痕

道路交通事故照片黏貼紀錄表

影時間	01 月			照片編號			
明：□道路全景	□車損	□車體擦痕	□機車側地	□煞車痕	□刮地痕	□拖痕
□道路設拖	□人側地	□人受傷部位	□落土	□碎片	□其他	

圖7-14 大貨車未發現明顯刮擦或撞擊痕跡1

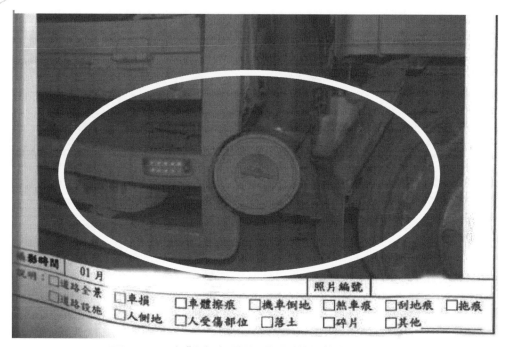

圖7-15　大貨車未發現明顯刮擦或撞擊痕跡2

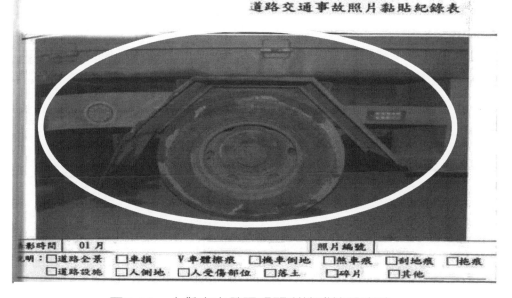

圖7-16　大貨車未發現明顯刮擦或撞擊痕跡3

　　現場勘察報告中，進一步指出：B車機車倒地處之積水為路面凹陷處，該凹陷處範圍擴及路邊水泥墩外90公分，經測量凹陷處與路面高度落差為8公分，詳如圖7-17及圖7-18所示，以灰線所圈繪者。此與證人甲於筆錄中稱：「該路段的路況很不好、很不平，機車倒下處有一灘水。警方移置時，我有看見積水裡有一坑洞。」比對兩份資料是相吻合的。另現場勘察報告中，亦指出：B車機車騎士安全帽的左側有刮擦痕，此與A車大貨車的右後車胎紋痕相似。當事人大貨車駕駛經警方進行呼氣測試酒精濃度結果，未發現有酒駕情形；死者方面經醫院進行血液測試酒精濃度結果，同樣未發現有酒駕情形。

　　綜觀上論，作者認為當事人之一B車機車騎士應該是行經積水路段，因路面凹陷處而導致重心不穩，倒地後，其安全帽再與A車大貨車的右後車輪接觸。因此，本案大貨車與機車駕駛雙方皆無肇事原因，本案應提出國家賠償。依據道路交通標誌標線號誌設置規則第7條規定：「標誌、標線、號誌應經常維護，保持清晰完整及有效性能；標誌、標線、號誌遭受損毀時，應由主管機關及時修復，並責令行為人償還修復費用[5]。」復依據國家賠償法第3條第1項：「公有公共設施因設置或管理有欠缺，致人民生命、身體或財產受損害者，國家應負損害賠償責任。[6]」吾人可知交通標誌標線號誌本屬於公有公共設施，設置後依法應經常維護，以維持其應有之功能，並保障大眾行的安全；倘因管理不當疏失，致用路人之生命、身體或財產受損害時，主管機關自應負起損害賠償責任，且本法有關公有公共設施方面係採「無過失責任」。

---

[5]　http://www.motc.gov.tw。
[6]　http://law.moj.gov.tw/。

圖7-17　機車倒地積水處為路面凹陷

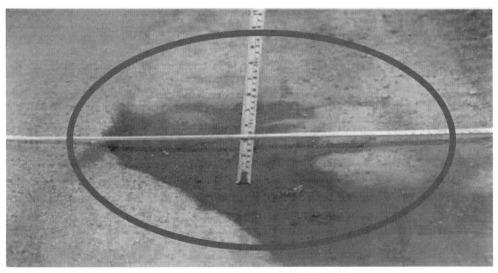

圖7-18　機車倒地路面凹陷近照

五、交通工程設施改善建議

該肇事地點為一彎道且路幅寬度明顯縮減，再加上路面積水及路面坑洞不平整等因素，勢必會縮減行車的有效道路寬度，嚴重危及駕駛人的生命安全及財產損失。因此，筆者建議應立即改善該肇事路段之相關工程設施，以確實維護用路人之行車安全，並避免不幸事件的再次發生，包括：

（一）路面積水情況，嚴重影響行車安全，應立即改善排水系統。

（二）路面泥砂與路面坑洞，嚴重影響行車安全，應立即清除及改善道路品質。

（三）該路段的交通標線已嚴重脫落不清，影響駕駛人的用路安全，應立即重新劃設。

（四）該肇事地點屬彎道且路幅寬度縮減，應設置警告標誌及反光設施，如減速標線、彎道標誌等，以提醒駕駛人行經該路段時，應減速慢行並維護用路安全。

（五）該肇事地點應立即加強改善街燈照明設施，以保障用路人行的安全。

參、交通事故案例二爭點與探討

一、案由

本案發生於102年11月某日下午，肇事地點位於某縣市東一路300號前。本案件共有3位當事人，第一位是王姓機車駕駛，行經東一路，接近路面邊線行駛時，未注意車前狀況，致與行走於同向右側為閃避路旁停車之行人發生碰撞後，機車駕駛往左倒地，再與同向左側行駛而來的自用小貨車發生撞擊，機車騎士經送醫不治。

第二位是李姓行人，渠表示：行經該路段時，我走在路邊白實線內，並沒有走在車道上，且未發現對方，於肇事地點時，突然我的左手臂就被機車撞到。

曾姓自用小貨車駕駛表示：行經該路段時，王姓機車駕駛原本行駛在我的右後方，突然王姓機車駕駛與李姓行人發生碰撞，碰撞後，機車與駕駛人

往左倒地，遂與我車發生撞擊[7]。

二、交通事故現場概況分析

（一）交通事故拍攝照片分析

　　圖7-19顯示：為交通事故現場概況及2輛汽機車之相對位置，遠處為肇事一方之C車自小貨車，以白線所圈繪者；其右側則為肇事另一方A車機車倒地於路邊，以灰線所圈繪者；該路段為雙向各一線車道，路旁有白色實線，以黑線所圈繪者，惟未確實測量白色實線之寬度。

圖7-19　交通事故現場概況及肇事2輛汽機車

---

[7]　為遵守個資法規定，案例中的資料包括詳細日期及當事人資料，無法全部呈現。

圖7-20　自小貨車、機車倒地位置及刮地痕與煞車痕

　　圖7-20顯示：為A車機車刮地痕及倒地位置，近處為機車倒地後，機車車身與地面接觸，一路滑行所留下的刮地痕[8]，以黑線所圈繪者；另以白線所圈繪者，應為C車自小貨車緊急煞車所留下之煞車痕跡。

　　圖7-21顯示：為C車自小貨車最後停止位置。由圖7-20及圖7-21相關跡證顯示，C車自小貨車駕駛人當時除踩煞車外，方向盤並向左打，因此，C車自小貨車車身有傾斜跨線之情形。

（二）交通事故現場圖分析

　　圖7-22顯示：為此次案例之道路交通事故現場圖，包括：車道分布之現場概況及肇事汽機車之相對位置，圖中顯示C車機車倒地之刮地痕，以白線所圈繪者；以黑線所圈繪者，則為A車自小貨車所留下之煞車痕。

　　路旁白實線，以灰線所圈繪者，惟未註明係路面邊線或快慢車道分隔線，依相關資料及照片研析，作者判斷應為路面邊線。

---

[8]　蘇志強（2010），交通事故偵查理論與實務，自版。

圖7-21　自小貨車最後停止位置

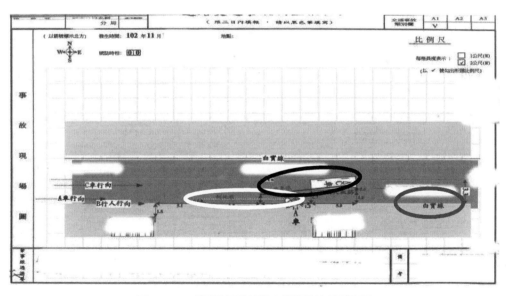

圖7-22　案例二道路交通事故現場圖

依據道路交通標誌標線號誌設置規則第183條規定[9]：「路面邊線，用以指示路肩或路面外側邊緣之界線。其線型爲白實線，線寬爲十五公分，整段設置。但交岔路口及劃設有禁止停車線、禁止臨時停車線處或地面有人行道之路段得免設之。」另依據同規則第183條之1第1項前段規定[10]：「快慢車道分隔線，用以指示快車道外側邊緣之位置，劃分快車道與慢車道之界線。其線型爲白實線，線寬爲十公分，除臨近路口得採車道線劃設，並以六十公尺爲原則外，應採整段設置，但交岔路口免設之。」

易言之，本肇事路段並無快慢車道分隔線，該處應爲機車與汽車混合行駛之路段。

三、案件二爭點

B行人行經該路段時應如何行走？B行人有無肇事原因？

四、駕駛行爲與法律分析

（一）監視錄影畫面分析

圖7-23、7-24顯示：爲此次案例道路交通事故發生之路段，右下角B行人爲當事人之一，以白線所圈繪者，肇事地點爲筆直之路段，尚未達到彎道處。

該路段並無明確的行人行走設施，該B行人係一直沿白色實線的外側路邊行走。

圖7-25、7-26顯示：B行人已逐漸接近此次的道路交通事故現場，右上角路旁有一不明騎士疑似正在處理機車物品，以灰線所圈繪者，其位置恰於此次當事人之一行人之前方。由畫面中吾人可預見倘B行人要繼續前進，勢必要繞過該不明騎士；以圖7-25觀之，當事人之一B行人已逐漸接近路邊的白色實線；再以圖7-26觀之，該B行人除已接近不明騎士，上半身體應要開始超過白色實線，以黑線所圈繪者。另有一非當事人機車位於白色自小客車右後方，因預見前方狀況而踩煞車，煞車燈亮起（白圈處所示），未貿然超越，此爲正確之安全駕駛行爲。

---

[9]　http://www.motc.gov.tw。
[10]　http://www.motc.gov.tw。

圖7-23　當事人之一行人行進方向

圖7-24　當事人之一行人行進動態

圖7-25　當事人一方行人行進動態與前方狀況1

圖7-26　當事人一方行人行進動態與前方狀況2

　　圖7-27顯示：B行人正要踩白色實線，惟上半身體明顯超過白色實線，以黑線所圈繪者；此次道路交通事故的另2位當事人亦出現於畫面中，以白線所圈繪者，即為C車自小貨車；以白虛線所圈繪者，則為當事人之一A車機車，此時機車係位於自小貨車的右後方。

圖7-27　三方當事人相對位置

　　圖7-28顯示：當事人之一A車機車車身已位於C車自小貨車車頭之右方，因此，應有加速情形，以白虛線圈繪者所示；此時B行人已踩白色實線，其上半身體更明顯超過白色實線，以黑線所圈繪者。此次道路交通事故的另2位當事人亦出現於畫面中，以白線所圈繪者，即為C車自小貨車；以白虛線所圈繪者，則為A車機車；另行人身旁的不明騎士亦準備要出發，以黑虛線所圈繪者。由於該路段僅一線車道，如圖7-28顯示即將有4位當事人位於同一水平位置，故情況極為危險，以白虛線所圈繪之機車騎士已踩煞車，此由其煞車燈已亮起可得知。

圖7-28　四方當事人相對位置

　　圖7-29顯示：此時B行人更偏向車道，雖然腳並未跨線，惟身體確已侵入車道；當事人之一A車機車騎士知道無法過去，爲閃避右側之路旁行人，A車機車車身往左側偏，如白虛線所圈繪者。

圖7-29　機車爲閃避行人而車身往左偏

　　圖7-30顯示：此時A車機車騎士與B行人發生碰撞，如黑線所圈繪者；而C車自小貨車則繼續於車道中行駛，如白線所圈繪者。

　　圖7-31顯示：此時A車機車騎士倒地後，C車自小貨車右前方與A車機車騎士發生碰撞，如黑線所圈繪者。

圖7-30　機車騎士與行人發生碰撞

圖7-31　自小貨車與機車騎士發生碰撞

（二）機車駕駛行為分析

依據道路交通安全規則第99條第1項第5款[11]：「機車行駛之車道，應依標誌或標線之規定行駛；無標誌或標線者，依下列規定行駛：除起駛、準備停車或臨時停車外，不得駛出路面邊線。」

本案件的機車駕駛人原本係行駛於車道中，是正確的駕駛行為。依據圖7-27顯示最初A車機車係位於C車自小貨車的右後方。然機車騎士應有加速情形，因此，圖7-28顯示當事人之一機車車身已位於自小貨車車頭之右方。作者認為該路段僅有一線車道之情況，這是非常不恰當的決定，如圖7-27顯示，當事人A車機車之前方尚有其他機車均已亮起煞車燈，表示前方的確有狀況；惟當事人A車機車卻疏於注意車前方狀況，做出不恰當的決定。

（三）行人行為分析

依據道路交通安全規則第133條第1項規定[12]：「行人應在劃設之人行道行走，在未劃設人行道之道路，應靠邊行走，並不得在道路上任意奔跑、追逐、嬉戲或坐、臥、蹲、立，阻礙交通。」

依據道路交通管理處罰條例第3條第1項第3款規定[13]：「人行道：指為專供行人通行之騎樓、走廊，及劃設供行人行走之地面道路，與人行天橋及人行地下道。」

依據圖7-22、7-23顯示：此次道路交通事故發生的路段，並無相關人行道設施如騎樓、走廊、紅磚道等。而路旁係劃設為路面邊線，行經該路段之行人應如何行走？行人應行走路面邊線外側？抑或應行走路面邊線內側？

依據道路交通標誌標線號誌設置規則第183條規定[14]：「路面邊線，用以指示路肩或路面外側邊緣之界線。其線型為白實線，線寬為十五公分，整段設置。但交岔路口及劃設有禁止停車線、禁止臨時停車線處或地面有人行道之路段得免設之。」

再依據交通部94年8月23日第0940401267函[15]：「未劃設慢車道之道

---

[11] http://www.motc.gov.tw。
[12] 同前註。
[13] 同前註。
[14] http://www.motc.gov.tw。
[15] 同前註。

路，按一般車道配置原則，路面邊線以外道路範圍，應可供慢車行駛；另如未劃設人行道之道路，其路面邊線以外道路範圍，亦應可供行人靠邊行走。」

綜觀上論，B行人應行走路面邊線之外側，方是正確之行走方式。故本案件中，B行人原本行走於外側是正確者；惟B行人已預見前方有一不明騎士正於路旁裝備物品，顯然會影響其行進之方向，易言之，B行人要繞過該不明騎士時，應會入侵車道中，進而產生了「行向上之變化」，故為了自身與他人之安全，B行人接近不明騎士前，應回頭注意後方之行車狀況；同時，車道中汽、機車一直不斷行經通過該路段，這也是B行人所能見者。惟監視錄影畫面分析圖7-23至圖7-31中顯示：B行人均未回首注意汽、機車之行車狀況，而是直接偏向車道行走。因此，筆者認為該B行人亦應有部分之肇事原因。

（四）自小貨車駕駛行為分析

本案件中當事人一方C車自小貨車駕駛是否有肇事原因，依據監視錄影畫面分析圖7-27至圖7-31中相關跡證顯示：時間太短，駕駛人無法反應機車騎士倒地之行為，因此，筆者認為並無肇事原因。

對於本事故案件，筆者要特別提出正確的安全防衛駕駛方式，因圖7-27及圖7-28中，A車機車位置均應為C車自小貨車後視鏡死角區域，機車任何前進之動作都是不利於己者，故當事人機車惟應減速循序前進，方為恰當而正確之駕駛行為。

肆、交通事故案例三爭點與探討

一、案由

本案發生於103年4月某日上午，肇事地點位於某縣市忠義路。本案件有2位當事人，一位是年約4歲兒童，當時母親與孩童正於水果店採購，葉姓兒童欲繞過水果攤架時，與自小客車發生碰撞。

自用小客車陳姓駕駛表示：沿忠誠路右轉忠義路方向行駛，行經肇事地

點時，恰有一幼童從我右側的水果攤衝出，聽到右側車身碰撞聲音，遂立即停車查看[16]。

二、交通事故現場概況分析

（一）交通事故拍攝照片分析

　　圖7-32顯示：該交通事故現場為一未劃分車道約4.8米寬之巷道，肇事一方為B車自小客車，以灰線所圈繪者，其行向係以箭頭①所指示者。另一方為A孩童，第一時間已送往醫院，行向係由水果攤跑出來，如箭頭②方向所指示者。

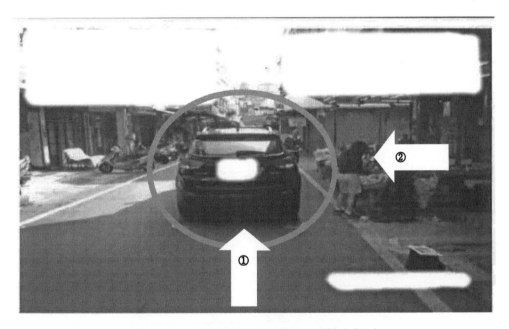

圖7-32　交通事故現場概況及雙方行向

---

[16] 為遵守個資法規定，案例中的資料包括詳細日期及當事人資料，無法全部呈現。

　　圖7-33顯示：為B車自小客車發生碰撞後最終停止位置，以灰線所圈繪者；以白色箭頭所指示者為A孩童當時自水果店出來的方向。

　　圖7-34更清楚呈現當事人之一A孩童自水果店出來的行向，以白色箭頭所指示者，以灰線所圈繪者，為雙方碰撞的位置。

圖7-33　交通事故現場概況及汽車停止位置

圖7-34　雙方碰撞位置

圖7-35顯示：A孩童自水果攤跑出的路徑，如白色箭頭所指示者。以灰線所圈繪者則爲雙方碰撞之位置。

（二）交通事故現場圖分析

圖7-36顯示：爲此次案例的道路交通事故現場圖。該路段係一未劃分車道約4.8米寬之巷道，如圈①所繪；肇事當事人一方B車自小客車的行向，如圈②所繪；另一當事人行人爲A孩童，是由水果攤架中跑出，其行向如圈⑤所繪；而圈④所繪者即爲水果攤架；道路交通事故現場圖中如圈③所繪者則爲雙方碰撞之位置。

圖7-35　孩童行向及雙方碰撞位置

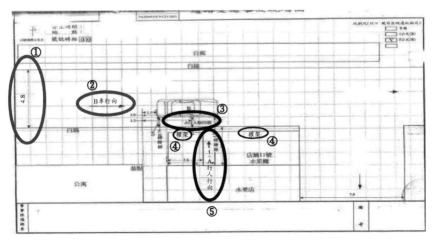

圖7-36　案例三交通事故現場圖

三、案例三爭點

水果攤商是否有肇事原因？

四、駕駛行為與法律分析

（一）行車紀錄器畫面分析

以B車自小客車之行車紀錄器畫面分析如下：

圖7-37顯示：為此次道路交通事故發生的路段，該路段並未劃分車道，寬度約為4.8米之巷道；路旁劃設劃設路面邊線，以白線所圈繪者。

圖7-37　自小客車行駛忠義路接近交通事故現場

　　圖7-38顯示：B車逐漸接近事故發生的地點，右前方有一水果攤商，以黑線所圈繪者；路旁劃設劃設路面邊線，以白線所圈繪者。圖7-39顯示：B車已接近事故發生的地點，右前方水果店的攤架擺設位置是緊臨路面邊線，以黑線所圈繪者。

圖7-38　交通事故現場路旁標線

圖7-39　自小客車接近交通事故現場

　　圖7-40顯示：B車非常接近事故發生之地點，此時駕駛人已可看見當事人之一A孩童及母親，以黑線所圈繪者；以白線所圈繪者為路面邊線。

　　圖7-41顯示：當事人之一A孩童突然往外跑要繞過水果店的攤架，以黑線所圈繪者，由於水果攤架是緊臨路面邊線擺設，因此，該孩童勢必會跑到車道上；此時B車已非常接近交通事故發生之處；以白線所圈繪者為路面邊線。

圖7-40　當事人之一孩童與母親

圖7-41　當事人之一孩童

　　圖7-42顯示：車禍即將發生，以黑線所圈繪者為當事人之一A孩童正位
於B車的右前方；以白線所圈繪者為路面邊線。

　　圖7-43顯示：車禍發生。

圖7-42　肇事即將發生

圖7-43　肇事發生

（二）自小客車駕駛行為分析

該道路交通事故發生的路段並未劃分車道，寬度約為4.8米之巷道；依圖7-37顯示對向有小型車停靠，以黑線所圈繪者；亦有機車自對向行駛而來，以灰線所圈繪者。依圖7-38顯示B車自小客車逐漸接近事故現場，對向仍有小型車停靠，以灰線所圈繪者。因此，依當時路況及行車紀錄器畫面顯示該自小客車之車速並不快。

圖7-39及圖7-40顯示：B車正接近事故發生之地點，惟此時恐不易察覺當事人之一A孩童。因為A孩童幾乎被水果店的攤架所遮掩。

圖7-41顯示：當事人之一A孩童突然繞過水果店的攤架往外跑，而B車此時已非常接近該孩童，相關資料顯示駕駛人所擁有的反應時間太短。

（三）行人行為分析

本文於第一案例中已說明，依據道路交通安全規則第133條規定[17]：「行人應在劃設之人行道行走，在未劃設人行道之道路，應靠邊行走，並不得在道路上任意奔跑、追逐、嬉戲或坐、臥、蹲、立，阻礙交通。」復依道路交通管理處罰條例第3條第1項第3款規定[18]：「人行道：指為專供行人通行之騎樓、走廊，及劃設供行人行走之地面道路，與人行天橋及人行地下道。」

依據圖7-32、7-33及圖7-37至圖7-41顯示：此次道路交通事故發生之路段，並無相關人行道設施如紅磚道、騎樓、走廊等。而路旁係劃設劃設為路面邊線，行經該路段之行人應如何行走？行人應行走路面邊線外側？抑或應行走路面邊線內側？依據交通部94年8月23日第0940401267函：「未劃設劃設慢車道之道路，按一般車道配置原則，路面邊線以外道路範圍，應可供慢車行駛；另如未劃設劃設人行道之道路，其路面邊線以外道路範圍，亦應可供行人靠邊行走。」因此，以該路段而言，行人應行走路面邊線之外側，方是正確之行走方式。惟圖7-32至圖7-34及圖7-37至圖7-41顯示：路面邊線均停放機車，肇事地點則擺放水果攤架，顯然會影響行人行走的路線與安全，

---

[17] http://www.motc.gov.tw。
[18] 同前註。

易言之，行人無處可走，僅能行走於車道中。

本案件中該兒童當時可能是要找其母親，可是攤架占用了邊線的右側路面，所以，兒童一定要繞過攤架並來到車道中，並無法以安全的邊線右側路面通過，綜觀上論，作者認為該水果店將攤架擺設於邊線右側路面上之行為，應有部分之肇事原因。

伍、交通事故案例四爭點與探討

一、案由

本案發生於103年5月某日下午，肇事地點位於某縣市高架道路。本案件共有4位當事人，第一位是B車吳姓營業半聯結車駕駛，行經高架道路時發現車輛煞車故障，因此，將車緊靠右方路肩上行駛，不料遭後方車追撞而發生交通事故。

第二位是A車蔡姓營業半聯結車駕駛，渠表示：行經該肇事路段時，我行駛於右側車道，我車左方有一部自小客車，對方係停於右方路肩，本人見狀時向左閃避，試圖從二車之間通過，但還是與路旁的半聯結車發生碰撞。

第三位是D車李姓自小客車駕駛，渠表示：行經高架道路該肇事地點時，我行駛於左側車道，並未目擊前二車碰撞的情形，但雙方碰撞後，蔡姓營業半聯結車向左偏向內側車道，本人見狀後立即煞車，結果遭後方陳姓營業半聯結車追撞而發生事故。

第四位是C車陳姓營業半聯結車駕駛，渠表示：行經該肇事路段時，我行駛於左側車道，前方二輛半聯結車發生車禍後，我隨即踩煞車，還是追撞前方自小客車[19]。

二、交通事故現場概況分析

（一）交通事故拍攝照片分析

圖7-44顯示：吳姓駕駛行駛中發現煞車系統有故障情形之營業半聯結

---

[19] 為遵守個資法規定，案例中的資料包括詳細日期及當事人資料，無法全部呈現。

車，以灰線所圈繪者；圖7-45、7-46顯示：吳姓駕駛的營業半聯結車肇事後的車損情形，分別以灰線所圈繪者，處理同仁除拍攝左後方的車輪受損情形外，惟並未拍攝車體左側車損之狀況。

圖7-44　吳姓駕駛營業半聯結車

圖7-45　吳姓駕駛營業半聯結車車輪受損情形

圖7-46　吳姓駕駛營業半聯結車左後方受損情形

　　圖7-47、7-48顯示：以灰線所圈繪者為行駛於發生煞車故障半聯結車後方之B車蔡姓駕駛營業半聯結車，從車損的情況可知，當時撞擊的力量很大；另以白線所圈繪者，則為散落物。

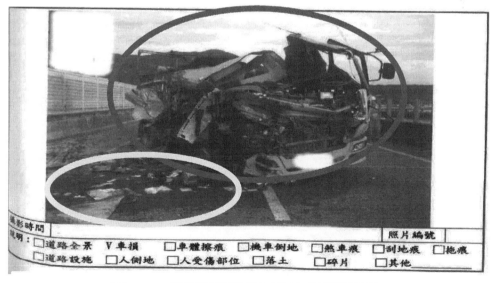

圖7-47　蔡姓駕駛營業半聯結車受損情形1

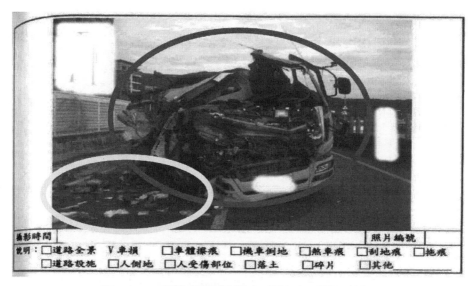

圖7-48　蔡姓駕駛營業半聯結車受損情形2

　　圖7-49顯示：D車李姓自小客車之車頭部分，惟並未發現任何車損之情況，以灰線所圈繪者，可知該自小客車應無追撞前方B車蔡姓駕駛營業半聯結車之情形。

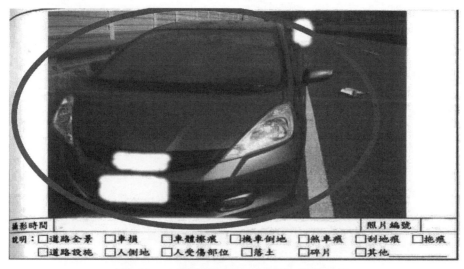

圖7-49　李姓駕駛自小客車車頭部分

　　圖7-50、7-51顯示：李姓自小客車之車損的情況，以灰線所圈繪者，爲車尾正後方，從車體受力之狀況研判，該自小客車應係被來自後方巨大的力量撞擊所致。

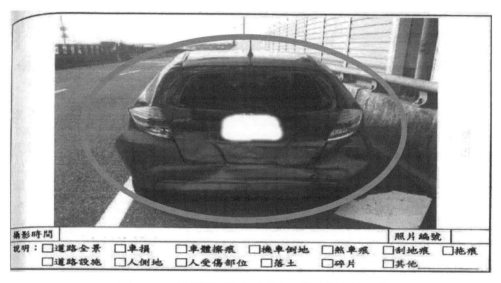

圖7-50　李姓駕駛自小客車後方受損情形

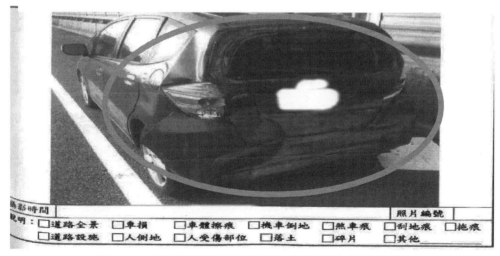

圖7-51　李姓駕駛自小客車左側及後方受損情形

　　圖7-52、7-53顯示：C車陳姓營業半聯結車之車損情況，爲車頭正前方，以灰線所圈繪者；對照圖7-50、7-51李姓自小客車之車損情況及雙方之高度，應屬吻合，亦言之，C車陳姓營業半聯結車當時因煞車不及而追撞前方的D車李姓自小客車。

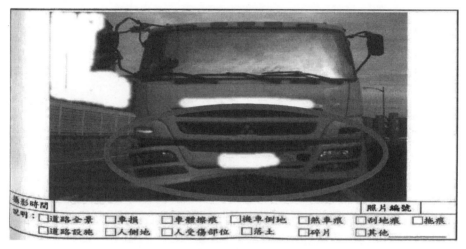

圖7-52　陳姓駕駛營業半聯結車

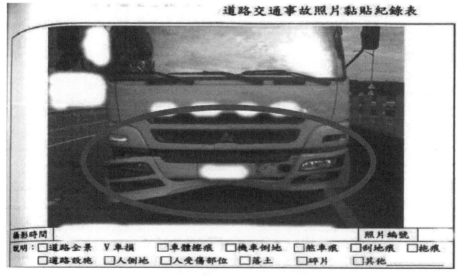

圖7-53　陳姓駕駛營業半聯結車受損情形

（二）交通事故現場圖分析

　　圖7-54顯示：爲此次肇事案件的交通事故現場圖，包括車道分布的現場概況及肇事汽車之相對位置。本案件共有4位當事人，最初B車吳姓營業半聯結車駕駛，行經高架道路時發現車輛煞車故障，因此，將車緊靠右方路肩上行駛，不料遭後方A車蔡姓駕駛營業半聯結車追撞而發生肇事；後方D車李姓駕駛自小客車見狀踩煞車並未撞擊前車，卻被後方的C車陳姓駕駛營業半聯結車追撞。

三、案件四爭點

　　B車吳姓駕駛營業半聯結車發現煞車故障後，一直沿路邊行駛，後方車輛能否預見？

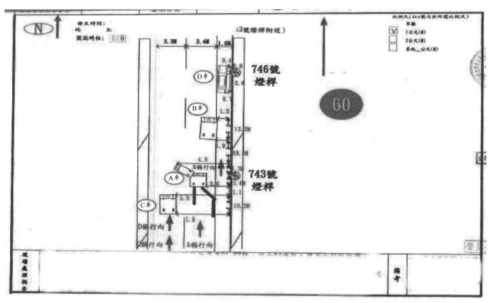

圖7-54　案件四交通事故現場圖

四、駕駛行為與法律分析

（一）行車紀錄器畫面分析

　　圖7-55顯示：為此次交通事故發生之路段，該路段計有2線快車道，以白色箭頭標示；路旁劃設劃設路面邊線，以灰線所圈繪者。

　　圖7-56顯示：B車吳姓駕駛營業半聯結車行駛於外側車道，尚未行駛於路肩；以灰線所圈繪者即為路面邊線。

圖7-55　吳姓駕駛營業半聯結車未故障時前方路況

圖7-56　吳姓駕駛營業半聯結車未故障時行駛外側車道

　　圖7-57顯示：B車吳姓駕駛營業半聯結車開始行駛於路肩，表示此時剛發現煞車系統故障，以灰線所圈繪者。

　　圖7-58顯示：B車吳姓駕駛營業半聯結車行駛於路肩時，前方的路況並無車輛，惟即將進入彎道，以灰線所圈繪者。

圖7-57　吳姓營業半聯結車發現煞車系統故障時右偏

圖7-58　吳姓營業半聯結車發現煞車系統故障時前方路況

　　圖7-59顯示：B車吳姓駕駛營業半聯結車逐漸右偏於路肩，以灰線所圈繪者。

　　圖7-60顯示：B車吳姓駕駛營業半聯結車逐漸右偏時前方的路況，仍位於彎道處，遠方路旁似有某輛汽車停於路外，以灰線所圈繪者。

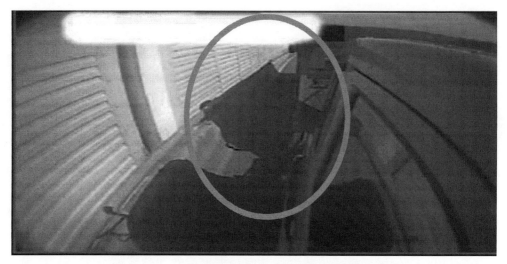

圖7-59　吳姓營業半聯結車故障時逐漸右偏

圖7-60　吳姓營業半聯結車逐漸右偏時前方路況

　　圖7-61顯示：B車吳姓駕駛營業半聯結車已脫離彎道，此時後方尚未出現其他車輛，以灰線所圈繪者。

　　圖7-62顯示：B車吳姓駕駛營業半聯結車脫離彎道時，前方的路況呈現筆直型態，前方路旁有某輛大型車停於路旁，以灰線所圈繪者。

圖7-61　吳姓營業半聯結車已脫離彎道

圖7-62　吳姓營業半聯結車脫離彎道時前方路況

　　圖7-63顯示：此時B車吳姓駕駛營業半聯結車的後方，已開始出現其他車輛，以灰線所圈繪者。

　　圖7-64顯示：此時B車吳姓駕駛營業半聯結車的車身非常靠右側護欄，以灰線所圈繪者。

圖7-63　吳姓營業半聯結車後方車輛通過情形

圖7-64　吳姓營業半聯結車緊靠右側情形

　　圖7-65顯示：此時B車吳姓駕駛營業半聯結車的後方，不斷出現其他車輛通過的情形，以灰線所圈繪者。

　　圖7-66顯示：此時B車吳姓駕駛營業半聯結車的後方，有大型車輛Z超越，以白線所圈繪者。

圖7-65　吳姓營業半聯結車後方車輛接續通過情形

圖7-66　吳姓營業半聯結車後方大型車輛Z即將通過

　　圖7-67顯示：此時大型車輛Z已安全通過B車吳姓駕駛營業半聯結車，以白線所圈繪者。另以灰線所圈繪者並非此次事故中的車輛，而是停於路肩之某大型車輛。

　　圖7-68顯示：此時B車吳姓駕駛營業半聯結車的後方，另一輛大型車輛Y即將通過，以白線所圈繪者。而以黑線所圈繪者是即將發生肇事的A車，即蔡姓駕駛營業半聯結車。

圖7-67　吳姓營業半聯結車後方大型車輛Z安全通過

圖7-68　吳姓營業半聯結車左後方大型車Y即將通過

　　圖7-69顯示：B車吳姓駕駛營業半聯結車的後方，大型車輛Y正安全通過，以白線所圈繪者。以黑線所圈繪者是A車蔡姓駕駛營業半聯結車，此時已接近B車吳姓駕駛的營業半聯結車。

　　圖7-70顯示：此時A車蔡姓駕駛營業半聯結車即將追撞B車吳姓駕駛營業半聯結車，以黑線所圈繪者。

圖7-69　吳姓營業半聯結車左後方大型車Y正安全通過

圖7-70　蔡姓駕駛營業半聯結車即將追撞吳姓營業半聯結車

　　圖7-71、7-72顯示：A車蔡姓駕駛營業半聯結車，自左後方追撞B車吳姓駕駛的營業半聯結車以及車體破碎及物品散落的情形，以黑線所圈繪者。

　　另由圖7-71、7-72中明顯看見內側車道上，有一輛營小客車正通過，以灰線所圈繪者。

圖7-71　車禍瞬間發生及車體破碎情形

圖7-72　碰撞過程產生散落物及某營小客從內側通過

　　圖7-73顯示：A車蔡姓駕駛營業半聯結車自左後方追撞B車吳姓駕駛的營業半聯結車後，雙方逐漸分離，以黑線所圈繪者。

　　圖7-74顯示：內側車道上的營小客車已安全通過，以灰線所圈繪者；以黑線所圈繪者，則為2車碰撞後產生的散落物。

圖7-73　碰撞後2車分離及散落物情形

圖7-74　某營小客車安全通過及散落物分布前方情形

圖7-75　碰撞後雙方相對位置及散落物情形

　　圖7-75顯示：A車蔡姓駕駛營業半聯結車自左後方追撞B車吳姓駕駛的營業半聯結車後，雙方相對位置，以及散落物分布情形，以黑線所圈繪者。

（二）吳姓駕駛營業半聯結車之駕駛行為分析

　　圖7-59及圖7-64顯示：B車吳姓駕駛營業半聯結車發現煞車故障時，其車身已盡力非常靠近右側護欄。惟該路肩並無法完全容納該大型車輛之寬度。

　　圖7-61顯示：B車吳姓駕駛營業半聯結車已脫離彎道；從該路段繼續往前行駛，直到圖7-63顯示：至少經過9組車道線。依據道路交通安全規則第182條第1項及第2項規定[20]：「車道線，用以劃分各線車道，指示車輛駕駛人循車道行駛。本標線為白虛線，線段長四公尺，間距六公尺，線寬十公分。」因此，經換算後，B車吳姓駕駛應經過90公尺以上之筆直路段。

　　圖7-63顯示：有一些小型車自後方要通過，惟尚未見到肇事之一的A車蔡姓駕駛營業半聯結車。另圖7-66顯示此時B車吳姓駕駛營業半聯結車的後方，有大型車輛Z超越，以白線所圈繪者，圖7-67顯示大型車輛Z已安全通

---

[20] http://www.motc.gov.tw。

過B車吳姓駕駛營業半聯結車。易言之，本案件之肇事當事人A車應有足夠的距離與時間可以預見前方的B車吳姓駕駛營業半聯結車情形。

（三）蔡姓駕駛營業半聯結車之駕駛行為分析

圖7-68顯示：大型車輛Y自B車吳姓駕駛營業半聯結車的後方，即將通過，以白線所圈繪者。而肇事的A車蔡姓駕駛營業半聯結車是緊隨在後，以黑線所圈繪者。

圖7-69顯示：大型車輛Y正安全通過B車吳姓駕駛營業半聯結車，以白線所圈繪者。此時A車蔡姓駕駛營業半聯結車，已非常接近B車吳姓駕駛的營業半聯結車，以黑線所圈繪者。

圖7-70顯示：此時A車蔡姓駕駛營業半聯結車將追撞B車吳姓營業半聯結車，以黑線所圈繪者；同時，其左側恰有一輛營小客車經過。究其原因，主要因素爲A車蔡姓駕駛並未保持與前方大型車輛Y的安全距離，跟車太近，以及未注意車前狀況；二者因當時某營小客車恰通過其左側，A車蔡姓駕駛無法即時切換至內側車道。因此，發生此次不幸的車禍案件。

（四）李姓自小客車與陳姓駕駛營業半聯結車之駕駛行為分析

本案件並無關於D車李姓自小客車及C車陳姓駕駛營業半聯結車的行車影像紀錄畫面，故僅能從照片及筆錄進行研判與分析。

圖7-49顯示：D車李姓自小客車之車頭部分，惟並未發現任何車損的情況，以灰線所圈繪者；復依圖7-50、7-51顯示：D車李姓自小客車之車損的情況，爲車尾正後方，以灰線所圈繪者；對照圖7-52、7-53顯示：C車陳姓營業半聯結車之車損情況，爲車頭正前方，以灰線所圈繪者，從車體受力的狀況及筆錄研判，C車陳姓營業半聯結車因未保持安全距離追撞D車李姓自小客車，爲肇事原因。同時，D車李姓小客車應無追撞前方A車蔡姓駕駛營業半聯結車之情形。

透過以上研判分析，筆者建議本案肇事原因可以二段式方式分析：第一階段爲A車蔡姓駕駛營業半聯結車，未保持安全距離及未注意車前狀況，爲肇事原因；B車吳姓駕駛營業半聯結車，無肇事因素。第二階段爲C車陳姓駕駛營業半聯結車，未保持安全距離，爲肇事原因；D車李姓駕駛自小客車，無肇事因素。

陸、結語

筆者共計探討四件道路交通事故案例，第一件案例為A1類交通事故，共有2位當事人，包括大貨車駕駛及機車騎士，肇事時間為傍晚，街燈昏暗，地點為一彎路，路旁有積水、路面有坑洞。本文透過證人筆錄、現場照片、現場勘察報告等重要跡證研判，大貨車與機車雙方應無接觸，而係機車騎士行經該肇事地點時，路面嚴重積水，且因路面凹陷坑洞不平整而導致其重心不穩，倒地後，其安全帽再與大貨車的右後車輪接觸。因此，本案駕駛雙方皆無肇事原因，案件中的道路、交通標誌、交通標線係屬於公有公共設施，設置後依法應經常維護，以維持應有功能，並保障大眾用路安全；本案主管機關明顯因管理缺失，致用路人之生命、身體、財產受損害，故應負起損害賠償責任，本案應提出國家賠償。同時，作者建議應立即改善相關之道路交通工程設施，以確實能維護保障用路人之行車安全。

第二件案例共有3位當事人，包括行人、小貨車駕駛及機車騎士，肇事地點為雙向單線車道，路旁劃設劃設有路面邊線。有關本案例爭點在於：該路段行人應如何行走？行人有無責任？作者業於文中詳盡分析現場照片、監視錄影畫面、交通部之解釋文等資料，該肇事路段因屬未劃設劃設慢車道之道路，除路面邊線外道路範圍，可供慢車行駛外；該路段亦屬於未劃設劃設人行道之道路，因此，其路面邊線以外之道路範圍，亦應可供行人靠邊行走，甚為明確，應無疑義。同時，作者特別提出建議，行人遇有前方阻礙而欲改變行向或偏向時，應暫停並回首注意後方之車輛，方為正確且安全的行走方式。

第三件案例共有3位當事人，包括孩童、小客車駕駛及水果攤商，肇事地點為4.8米寬之巷道，路旁劃設有路面邊線。有關本案例爭點在於：水果攤商是否有肇事原因？同前案例中交通部之解釋文，該肇事路段屬於未劃設慢車道、亦未劃設人行道之道路，因此，路面邊線以外之道路範圍，應可供行人靠邊行走。惟店家將水果攤架緊臨路面邊線擺設，致行人無處可走，孩童於攤架旁發生此次交通事故，店家違規擺放水果攤架之行為與該交通事故之發生顯具有相當因果關係，因此，水果商店應有部分之肇事原因。

第四件案例共有4位當事人，包括3位營業半聯結車駕駛、1位小客車駕

駛，肇事地點為高架道路，路旁劃設有路面邊線。有關本案例爭點在於：最前方吳姓駕駛營業半聯結車發現煞車系統故障後，一直緊沿路邊行駛，後方之車輛能否預見？本文透過行車紀錄器畫面及警方現場拍攝的照片研判，後方車輛應有足夠的反應時間與距離，惟A車營業半聯結車駕駛，因未保持安全距離及疏於注意車前狀況，故應有肇事原因；另D車自小客車駕駛並未與前方發生碰撞，而係C車營業半聯結車未保持安全距離追撞自小客車，故與前方肇事無關。因此，本文建議本案件肇事原因分為二段式論述較為恰當。

壹、緒論

　　道路交通事故一旦發生，從民眾報案、警察受理報案、到警察處理人員抵達現場處理、現場保護、維持交通秩序、協助救護傷患、進一步蒐證調查、對人、車、物、痕與設施等之現場測繪、調查訪問、清理現場以及後續的資料彙整處理、事故初步分析研判、資料建檔、民眾查詢資料等，警方均有一套完整的標準作業程序（SOP）明確的規範於道路交通事故處理規範之中，以提供交通事故處理人員執行每一步驟之準則。

　　然而，許多交通事故的當事人往往對於交通事故的處理品質多有爭議而抱怨連連，因此，本文主要透過數個警察人員處理車禍的實際案例，予以檢視、分析、進一步提出改善建議，包括：交通事故現地拍照、交通事故現場圖、交通號誌時相缺失、及交通事故處理改善建議等事項，以提供交通事故處理人員日後面對肇事案件的策進作為。

　　面對層出不窮的交通事故案件，除了公正、完整、正確、細心、迅速的處理外，如何能預防日後類似交通事件的再發生，應是吾人更應積極的將交通事故處理層次予以昇華的理想，因此，筆者也藉由實際案例的分析，提出個人的建議以供實務單位執法的參考依據。

貳、交通事故案例一缺失探討

一、案由

　　本案發生於102年5月某日早上，肇事地點位於某縣市中興路、自由街

口[1]。A機車騎士聲稱：其行駛於自由街準備左轉中興路時，突然看見B自小客車在前，因距離很近，緊急煞車也來不急，因此，機車前車頭與對方發生碰撞。

B自小客車駕駛聲稱：事發之前，係沿中興路直行，行至事故地點時，突然看見A機車騎士，從自由街左轉中興路，我立即緊急煞車，仍閃避不及，因而發生事故。

C自小客車駕駛聲稱：我將小客車停於中興自由街口，準備隔日上班時，再開走，我車並未與其他車輛發生碰撞。

二、事故處理缺失分析探討

（一）街道照片部分

1. 圖8-1、8-2：僅能顯示該肇事路口之概況及肇事汽機車雙方停止的位置。
2. 圖8-3：僅能顯示肇事路口旁有停車狀況。

圖8-1　肇事路口之現場概況1

---

[1] 為遵守個資法規定，案例中的資料包括詳細日期及當事人資料，無法全部呈現。

圖8-2　肇事路口之現場概況2

圖8-3　肇事路口之停車現場概況

（二）街道照片缺失部分

1. 缺乏從直行自小客車行駛方向拍攝的照片：易言之，缺乏從路段往路口所拍的照片。

2. 缺乏拍攝車道標線劃設的照片：易言之，無法得知正確的車道眞實

狀況。

3. 缺乏拍攝小客車路權的照片：易言之，無法得知直行自小客車所行
　 駛之道路有無劃設行車分向線或分向限制線等狀況。
4. 拍攝照片缺乏：路口有無設置相關之停、讓標誌。
5. 拍攝照片缺乏：路口停車的合法性。如圖8-3所示。

（三）交通事故現場圖及表一缺失部分

1. 事故現場圖比例尺勾選「1公尺」與所繪製的現場圖並不相符。
2. 事故現場圖上未註明：路口停車的C自小客車，是否停於紅線範圍或
　 路口10公尺範圍內。

　　依據道路交通安全規則第111條第1項第2款規定：「交岔路口……十公
尺內不得臨時停車。[2]」另依據同規則第112條第1項第1款規定：「禁止臨時
停車處所不得停車。」據此，倘若C自小客車駕駛停於禁止臨時停車處，則
已違反規定於先。若處理人員未實際查明當事人其違規情節，且未將重要資
訊呈現於交通事故的現場圖中，將影響肇事之初步分析研判結果以及鑑定的
正確性。

三、事故處理改善建議

（一）現場事故處理人員拍攝時，應從駕駛人的行駛方向拍攝：易言之，
　　　應從路段往路口拍攝照片，以能顯示駕駛人行經該路段的實際狀況為
　　　何，這對於鑑定人員了解案情是具有正向助益的。
（二）該肇事案件因涉及無號誌之交叉路口，拍攝時，應能明確顯示：交通
　　　標誌設置情形。因此，現場事故處理人員於現場拍照蒐證時，應從行
　　　車方向拍攝以顯示之，這將有助於鑑定人員了解此案件的路權問題，
　　　進一步釐清雙方肇事責任的歸屬問題。
（三）現場事故處理人員拍攝時，應能明確顯示：車道間之標線劃設為何，
　　　此亦牽涉到路權問題。
（四）C自小客車於路口停車，可能會影響雙方駕駛人的視線，形成視線障

---

[2]　http://law.moj.gov.tw/，全國法規資料庫。

礙，處理人員應該拍攝其是否停於紅線範圍的情形，若爲肇事原因之
一，自要負起部分的肇事責任。

（五）交通事故處理人員繪製現場圖時，應詳加註明：路口設置相關之停、
讓標誌情形爲何。以本案爲例，從照片並無法觀察到交通標誌之情
形，這部分是會影響後續鑑定的結果，因爲設有停、讓標誌之一方爲
支線道，另一方則爲幹道。

依據道路交通標誌標線號誌設置規則第58條第1項規定：「停車再開標
誌，用以告示車輛駕駛人必須停車觀察，認爲安全時，方得再開。設於安全
停車視距不足之交岔道路次要道路口。[3]」另依據同規則第59條第1項規定：
「讓路標誌，用以告示車輛駕駛人必須慢行或停車，觀察幹道行車狀況，讓
幹道車優先通行後認爲安全時，方得續行。設於視線良好交岔道路次要道路
口或其他必要地點。」

四、執法改善建議

本案件發生的關鍵之一在於該路口的違規停車，該肇事路口違停情形嚴
重妨礙用路人的行車視線與安全，因此，警方應加強該處的拖吊執法工作，
若僅只限於開單處罰恐幫助不大，因爲駕駛人的視線障礙仍存在，對於日後
的肇事預防並無太大助益。

參、交通事故案例二缺失探討

面對複雜的交通事故案件，交通事故處理人員除了基本的訓練外，抵達
現場後首先應了解交通事故整起案件的輪廓。包括：交通事故的主體爲何、
其特色爲何、現場道路交通的環境爲何、道路各項交通設施爲何、道路特色
爲何、雙方的駕駛行爲爲何等，對於以上的基本資料有相當程度的認識後，
進一步交通事故處理人員才能了解吾人所要勘察與蒐集的重點有那些項目，
這對於日後的初步分析工作與後續的鑑定作業都會有積極的意義與正面的助
益。否則，可能會產生許多蒐集的資料用處不大，卻缺乏鑑定作業時所需的

---

[3]　http://law.moj.gov.tw/，全國法規資料庫。

關鍵資料等情事，令人有遺珠之憾。

一、案由

　　本案發生於101年12月某日早上，肇事地點位於某縣市中山路、原德路口[4]。A機車騎士聲稱：其沿中山路直行，方向由北往南，於肇事地點前見其右側車道，有一名B機車騎士突然要左轉原德路，於是緊急煞車，由於距離近且因天雨路滑，因此與對方發生碰撞。

　　B機車騎士聲稱：事發之前，其係沿中山路直行，方向為由北往南，行駛於內側車道，行經中山路、原德路口時要準備左轉，當進行左轉時，卻遭後方直行機車撞擊車身。

二、事故處理缺失分析探討

（一）街道照片部分

　　1. 圖8-4：其功能僅能顯示該肇事路口之概況。
　　2. 圖8-5：其功能亦僅能顯示部分現場之概況，對於肇事的案情分析及後續的鑑定工作助益不大。

圖8-4　肇事路口之現場概況1

---

[4]　為遵守個資法規定，案例中的資料包括詳細日期及當事人資料，無法全部呈現。

圖8-5　肇事路口之現場概況2

（二）街道照片缺失部分

1. 缺乏從駕駛人行駛方向拍攝的照片：易言之，資料中缺少從路段往路口所攝之照片，因此，吾人並無法了解駕駛人所行駛的路況爲何。

2. 缺乏拍攝車道標線劃設的照片：易言之，無法得知正確的車道眞實狀況。

3. 缺乏拍攝機車路權的照片：易言之，無法得知機車可以行駛的車道狀況。由於本案牽涉到機車部分，因此，要能釐清機車路權的眞實狀況是非常重要的一件事。否則極易影響後續肇事原因分析的正確性而損失當事人權益。

4. 照片缺乏：「快慢車道分隔線」，並無照片佐證之。

5. 照片缺乏：「路面邊線」，並無照片佐證之。

6. 照片缺乏：「禁行機車」標線，並無照片佐證之。

（三）交通事故現場圖及表一缺失部分

1. 現場圖上未註明：「內側車道有無禁行機車」標誌，如圖8-6。
2. 表一中14(2)錯誤：處理人員勾選「無快慢車道分隔線」。14(3)錯誤：處理人員勾選邊線。真實的交通事故現場是沒有邊線，而具有快慢車道分隔線。由於兩者非常相似，所以許多現場的處理人員經常將其混淆之。

　　如何區別兩者，首先依據道路交通標誌標線號誌設置規則第183條規定：「路面邊線，用以指示路肩或路面外側邊緣之界線。其線型為白實線，線寬為十五公分，整段設置。但交岔路口及劃設有禁止停車線、禁止臨時停車線處或地面有人行道之路段得免設之。[5]」另依據同規則第183條之1規定：「快慢車道分隔線，用以指示快車道外側邊緣之位置，劃分快車道與慢車道之界線。其線型為白實線，線寬為十公分，除臨近路口得採車道線劃設，並以六十公尺為原則外，應採整段設置，但交岔路口免設之。」

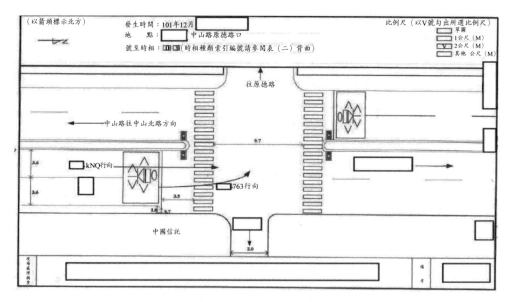

圖8-6　肇事案件之交通事故現場圖

5　http://law.moj.gov.tw/，全國法規資料庫。

　　一旦有了明確的道路標線後，機車的路權就非常清楚，依據道路交通安全規則第99條第1項第2款規定：「機車行駛之車道，應依標誌或標線之規定行駛；無標誌或標線者，機車在已劃分快慢車道之道路，雙向道路應在最外側快車道及慢車道行駛。[6]」再依據同規則第99條第1項第5款規定：「機車除起駛、準備停車或臨時停車外，不得駛出路面邊線。」依據以上法令規範，吾人可以清楚的了解為何處理人員應對於現場的車道標線詳加拍攝記錄，並呈現於交通事故現場圖中。倘若上述的基礎資料完備後，當可以減少鑑定人員查證的時間或避免誤導鑑定分析之結果。

（四）現場車道之可能狀況分析

1. 現場車道可能劃設「車道線」。
2. 現場車道可能劃設「禁止變換車道線」。
3. 現場車道可能劃設「快慢車道分隔線」。
4. 現場車道可能劃設「邊線」。
5. 現場車道可能有以上各項之組合。
6. 現場車道可能劃設「禁行機車」標線。

　　不同的道路標線劃設，首先會影響機車駕駛人行駛的路權，此於交通法令中皆有明確規範。若未注意進而將影響肇事原因的分析以及後續鑑定工作的正確性，又如何能確保民眾當事人的權益，現場事故的處理人員實不可不慎。如圖8-7所示：第1為車道線、第2為雙向禁止變換車道線、第3及第4為單向禁止變換車道線、第5為快慢車道分隔線、邊線。

　　圖8-8中之「禁行機車」標字[7]，依據道路交通標誌標線號誌設置規則第178條第1項前段規定：「用以告示本車道禁止大型重型機車以外之機車通行。[8]」據此，倘若當事人所騎乘之機車非大型重型機車，卻行駛在該「禁行機車」之車道，則已違反路權於先。若處理人員未實際查明現地標線，且未將重要資訊呈現於交通事故的現場圖中，極易影響肇事之初步分析研判結果乃至鑑定結果而損及民眾之重要權益。

---

[6]　http://law.moj.gov.tw/，全國法規資料庫。
[7]　筆者所拍攝照片中的場景並非該交通事故地點，筆者僅為舉例說明。
[8]　http://law.moj.gov.tw/，全國法規資料庫。

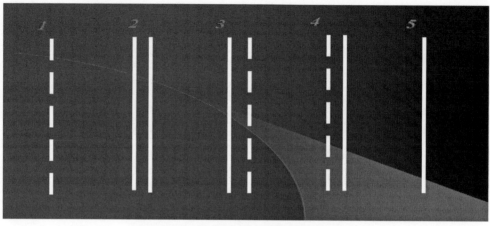

圖8-7 一般車道標線可能劃設方式

圖8-8 禁行機車車道標線

（五）交通事故現場圖號誌時相缺失部分

1. 號至時相：錯字，如圖8-6所示，正確用字應改為號誌時相。
2. 時相勾選03：錯誤，會勘資料號誌時相顯示為四時相，處理人員卻錯誤勾選03遲閉二時相。

三、事故處理改善建議

1. 現場事故處理人員拍攝時，應從駕駛人的行駛方向拍攝：易言之，應從路段往路口拍攝照片，以充分顯示駕駛人行經該路段的實際狀況。

2. 現場事故處理人員拍攝時，應能明確顯示：車道有無「禁行機車」的標字或懸掛式標誌，以釐清相關路權，並能保障當事人權益。

3. 現場事故處理人員拍攝時，應能明確顯示：車道間之標線劃設為何。

4. 該肇事案件因涉及左轉機車，故拍攝時，應能明確顯示：該處有無設置「機慢車兩段左（右）轉標誌」或「機慢車左（右）轉待轉區線」。

5. 交通事故現場圖上應明確註明：車道有無「禁行機車」標字。

6. 倘若交通事故現場的交通號誌與交通號誌時相種類索引並不相符合時，處理人員應該另外劃圖說明之。以本案為例，該肇事路口實際為四時相號誌，並非事故處理人員所選勾03遲閉二時相，其運作情形詳如圖8-9所繪。

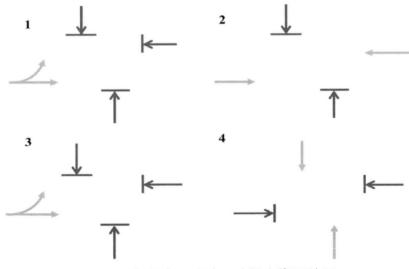

圖8-9　肇事路口號誌四時相實際正確圖

　　現場事故處理人員應要充分了解，有以現場明確照片爲基礎的佐證資料時，道路交通事故現場圖更具有正當性與正確性。同時，對於後續的鑑定作業會減少查證的困擾，更能避免誤導鑑定作業的結果。

肆、結語

　　「安全」是到達目的地唯一的道路，然而我國101年卻發生47萬件的道路交通事故案件，死傷約32萬人，影響層面鉅大，包括：交通違規行政罰、車損與傷亡的民事賠償、以及相關的刑事責任等。

　　道路交通事故的處理人員對於現場的各項工作若稍有疏忽，極可能會導致交通事故當事人的各項權益受到損害。透過以上筆者所列舉之各項實務案例，吾人可知交通事故處理並非一件簡單的工作。處理的態度要秉持公正、蒐證要完整、細心、更要正確。日後面對許多爭議的肇事案件，當事人都會申請鑑定或覆議程序，如何能讓這個過程順利的進行，這就要回溯到事故發生的第一現場處理人員是否充分了解肇事原因分析是根據各方當事人的駕駛行爲、現地的交通設施如標誌標線號誌、以及相關法令如路權規定、各項跡證等予以分析、研判的一項具有技術性的專門工作。同時能避免如本文所提出的各項缺失，並依據筆者所提出的各項改善建議執行，相信會減少還原眞實現場的許多阻礙。

　　一件交通事故發生後，整個事件能圓滿落幕，往往要耗費當事人數個月以上的時間，另外駕駛人有時要爲民事責任付出巨額的賠償、以及承當刑事責任與行政責任，倘如道路交通事故的處理人員能充分了解本文所探討之案例內容並改善缺失，相信必能充分保障用路人的重要權益。

壹、緒論

　　道路交通事故一旦發生，民眾最關心者莫過於自身的相關權益，而當事人的權益保障則源於交通事故處理人員的處理過程是否完整，包括對人、車、物、痕與交通設施環境等項目之勘察、調查蒐證、現場測繪、與調查訪問等各項工作，是否有確實依據警政署所頒布之道路交通事故處理規範執行。

　　本文主要透過數個警察人員處理車禍的實際案例，予以檢視、分析、進一步提出改善建議，包括：交通事故現場圖缺失、交通事故現場拍照、交通事故照片黏貼紀錄表之製作、以及交通事故處理改善建議等事項，以提供交通事故處理人員日後面對肇事案件之策進作為，進而保障民眾的相關權益。

貳、交通事故照片黏貼紀錄表之缺失分析

一、案例一

（一）案由

　　本案發生於102年8月某日晚間，肇事地點位於某縣市明德路、裕生街口[1]。A機車騎士聲稱：其行駛於明德路準備左轉裕生街時，其左側也有一自小客車要左轉，突然B機車駕駛人，從兩車之間超車過去，因此，對方擦撞其左側車身。

　　B機車騎士聲稱：事發之前，係沿明德路直行，行至事故地點時，A車從其右前方要左轉，因事出突然，所以閃避不及而發生事故。

---

[1] 為遵守個資法規定，案例中的資料包括詳細日期及當事人資料，無法全部呈現。

（二）警方照片黏貼紀錄表規範

依據警政署所頒布之道路交通事故處理規範：員警於現場拍攝事故照片後，應將照片黏貼於「道路交通事故照片黏貼紀錄表」，並勾選每一張照片的標的為何？說明共計有13項，包括：道路全景、車損、車體擦痕、機車倒地、煞車痕、刮地痕、拖痕、道路設施、人倒地、人受傷部位、落土、碎片、其他。並應註明攝影時間及照片編號，詳如圖9-1灰圈所標示。

（三）交通事故處理缺失分析探討

1. 以本案件為例，並未勾選每一張照片的說明為何，如圖9-2至圖9-5。
2. 以本案件為例，並未註明每一張照片的編號為何，如圖9-2至圖9-5。
3. 以本案件為例，並未註明雙方駕駛的行向為何，如圖9-2至圖9-5。
4. 以本案件為例，處理人員直接將攝影時間，以相機時間呈現，並未註明於表格中，但須注意相機時間是否正確。
5. 以本案件為例，並未拍攝近距離之車損照片，如圖9-4至圖9-5。
6. 以本案件為例，處理人員未註明何者為A車？何者為B車？如圖9-4至圖9-5。

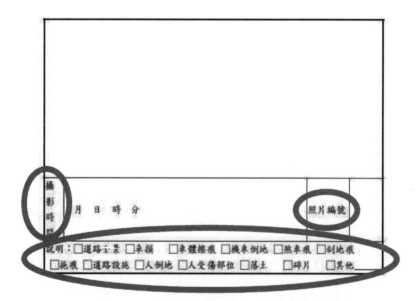

圖9-1　道路交通事故照片黏貼紀錄表正確格式

圖9-2　拍攝事故現場並未勾選說明1

圖9-3　拍攝事故現場並未勾選說明2

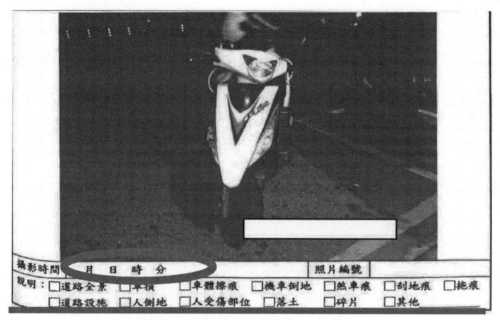

圖9-4　拍攝事故機車並未勾選說明1

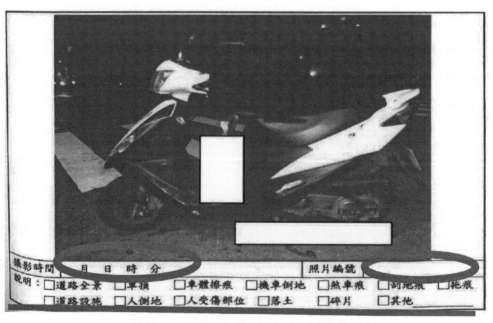

圖9-5　拍攝事故機車並未勾選說明2

二、案例二

（一）案由

本案發生於100年7月某日晚間，肇事地點位於國道[2]。A車駕駛人聲稱：渠駕駛自用小客貨車從某交流道上國道，行經肇事地點時，係由北往南行駛於外側車道，當時外側恰遇施工縮減車道，於是順著縮減車道變換至中外車道，均未發現任何車輛，忽遭左後方之營業大客車撞擊。

B車駕駛聲稱：事發之前，係沿國道南下中外車道直行，行至事故地點時，突然右側A車變換至我行駛之車道，因事出突然，所以，閃避不及，因而發生事故。

（二）警方照片黏貼紀錄表規範

與前項案件相同，依據警政署頒布之道路交通事故處理規範：員警所拍攝之事故現場照片，應黏貼於「道路交通事故照片黏貼紀錄表」，並應註明攝影時間、照片編號，以及勾選每一張照片的標的為何。說明共計有13項，如圖9-1所示，包括：道路全景、車損、車體擦痕、機車倒地、煞車痕、刮地痕、拖痕、落土等。

（三）交通事故處理缺失分析探討

1. 以本案件為例，並未勾選每一張照片的說明為何，如圖9-6至圖9-7。
2. 以本案件為例，並未註明每一張照片的編號為何，如圖9-6至圖9-7。
3. 以本案件為例，並未註明雙方駕駛的行向為何，如圖9-6至圖9-7。
4. 以本案件為例，處理人員未將攝影時間，註明於表格中，如圖9-6至圖9-7。
5. 以本案件為例，處理人員將4張照片合貼於1張紀錄表中，不符合規定，如圖9-6至圖9-7。
6. 以本案件為例，處理人員未註明何者為A車？何者為B車？如圖9-6至圖9-7。
7. 以本案件為例，處理人員未拍攝遠、中、近之現場全景，如圖9-6至

---

[2] 為遵守個資法規定，案例中的資料包括詳細日期及當事人資料，無法全部呈現。

圖9-7。

8. 以本案件為例，處理人員未依規定將事故照片黏貼於「道路交通事故照片黏貼紀錄表」，如圖9-6至圖9-7。

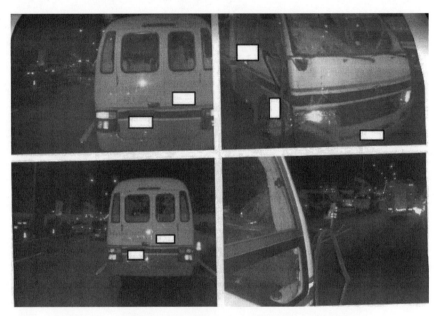

圖9-6　拍攝事故現場照片未依規定勾選及說明1

圖9-7　拍攝事故現場照片未依規定勾選及說明2

三、案例三

（一）案由

　　本案發生於102年7月某日晚間，肇事地點位於某縣市[3]。A車駕駛人聲稱：渠駕駛自用小客車沿中山路直行，行經肇事地點，準備左轉成功路時，有一輛小客車突然撞擊我車的左後方，因事出突然，所以閃避不及。

　　B車駕駛聲稱：事發之前，係沿中山路內側直行，行至事故地點時，準備左轉成功路，另一部小客車，從右後左切到我的車頭，因而發生該交通事故。

（二）警方照片黏貼紀錄表規範

　　與前項案件相同，依據警政署頒布之道路交通事故處理規範：員警所拍攝之事故照片，依規定應黏貼於「道路交通事故照片黏貼紀錄表」，並勾選每一張照片的標的為何，並應註明攝影時間、照片編號。說明共計有13項，如圖9-1所示，包括：道路全景……落土、碎片、其他。

（三）交通事故處理缺失分析探討

1. 以本案件為例，並未勾選每一張照片的說明為何，如圖9-8至圖9-11。
2. 以本案件為例，並未註明每一張照片的編號為何，如圖9-8至圖9-11。
3. 以本案件為例，並未註明雙方駕駛的行向為何，如圖9-8至圖9-11。
4. 以本案件為例，處理人員未將攝影詳細時間，註明於表格中，如圖9-8至圖9-11。
5. 以本案件為例，處理人員未註明何者為A車？何者為B車？如圖9-8至圖9-11。
6. 以本案件為例，處理人員未拍攝遠、中、近之現場全景，如圖9-8至圖9-11。
7. 以本案件為例，照片使用翻拍方式，致使影像模糊不清，影響後續之鑑定品質，如圖9-8至圖9-11。

---

[3]　為遵守個資法規定，案例中的資料包括詳細日期及當事人資料，無法全部呈現。

圖9-8　拍攝事故現場照片未依規定勾選及說明1

圖9-9　拍攝事故現場照片未依規定勾選及說明2

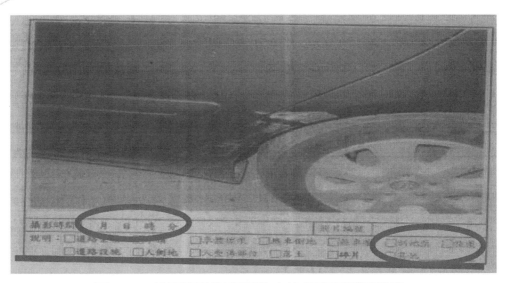

圖9-10　拍攝事故現場照片未依規定勾選及說明3

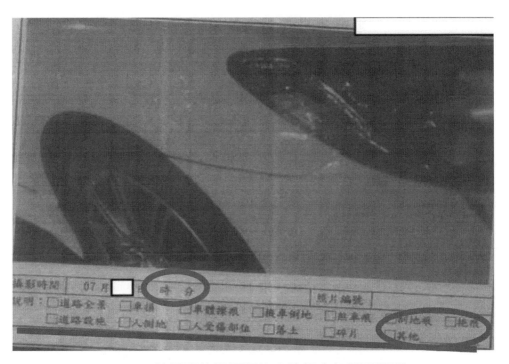

圖9-11　拍攝事故現場照片未依規定勾選及說明4

參、交通事故案例缺失探討

　　道路交通事故的發生通常是突如其來的，駕駛人或因撞擊而暫時失去記憶、或因精神不集中、或因瞬間發生而驚嚇、或因相對位置之故，因此，有時面對警察同仁詢問時，無法清楚的描述整體交通事故的來龍去脈。

　　處理人員此時要如何釐清該交通肇事案件？事故現場的相關跡證就扮演非常重要的角色，現場的跡證會透露一些關鍵的訊息，處理人員不可不察，惟部分處理人員往往只注意到雙方當事人及車輛的狀態，卻忽略了這些因交通事故所衍生出的許多重要跡證，也因此失去了解該交通事件發生過程的機會。這對於日後的初步分析工作以及後續的鑑定作業都相當不利。

一、案由

　　本案發生於102年10月某日早上，肇事地點位於某縣市中山路、東佳路口[4]。A機車騎士聲稱：事發之前，其係由中山路三段某巷北往南方向行駛，於肇事地點左轉中山路時，與左方由中山路東往西方向行駛的B機車騎士發生碰撞。

　　B機車騎士聲稱：事發前，其係沿中山路三段東往西方向行駛，見A機車騎士從該巷口駛出，到對向要左轉，於是緊急煞車，當時感覺重心不穩，已不記得先撞擊再倒地或先倒地再撞擊。

二、事故處理缺失分析探討

（一）交通事故現場圖缺失部分

1. 中山路三段之3個車道中，何車道有「禁行機車」標誌？
2. 現場圖上未註明：「內側車道有無禁行機車」標誌，如圖9-12。
3. 警方未註明：刮地痕起點距車道線的距離，如圖9-12。
4. 警方未註明：刮地痕起點距A機車騎士所駛出巷子的距離為何，如圖9-12。

4　為遵守個資法規定，案例中的資料包括詳細日期及當事人資料，無法全部呈現。

5. 警方未註明：刮地痕起點距安全帽的距離，如圖9-12。

6. 警方未註明：刮地痕起點距主要散落物碎片的距離，如圖9-12。

7. 警方未註明：內側車道上的安全帽是誰的，如圖9-13白圈所標示。由於本案件的肇事雙方皆為機車騎士，而現場僅遺留一頂安全帽，現場的員警經過調查後應該很清楚「內側車道上的安全帽是誰的」，卻未予以註明或查明，此舉對於日後鑑定專業人員可是一項謎團。

8. 警方未註明：內側車道上的許多散落物碎片是誰的，如圖9-14白圈所標示。交通事故的車輛通常因強力撞擊而產生許多的車體碎片遺留現場，員警應於現場比對肇事的車輛受損狀況後，予以拍照並於現場圖或照片上註明相關的散落物碎片為哪一方車輛。

9. 警方未註明：刮地痕之實際長度，如圖9-12。

（二）現場照片缺失部分

1. 照片缺乏：「內側車道有無禁行機車」標誌，並無照片佐證之。處理員警應負有查證之責任、並從遠處之駕駛方向拍攝。

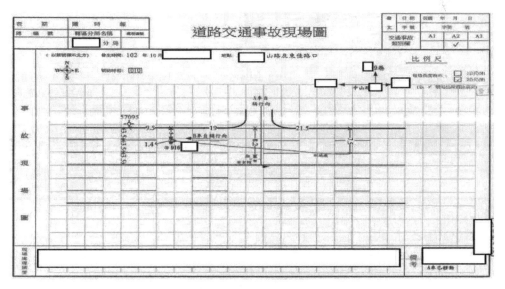

圖9-12　肇事案件之交通事故現場圖

2. 照片中「快慢車道分隔線」或「邊線」，並不清楚。

3. 警方雖於交通事故現場圖上畫出A機車騎士所駛出之巷子，惟警方於拍攝的照片中卻未註明：A機車騎士所駛出巷子的確切位置何在。

圖9-13　肇事現場安全帽是A機車或B機車騎士

圖9-14　肇事現場散落物是A機車或B機車

　　從以上分析檢討之各項缺失中，吾人可以清楚了解交通事故處理人員往往僅對於當事人、車予以定位，就以為完成了現場處理的工作，卻忽略了相關重要的物、痕等跡證之定位，這是不正確的觀念。因為，一旦缺乏這些重要的資訊，將增加後續鑑定工作的困難度，甚至可能會影響鑑定分析之正確結果，第一線的處理警察人員不可不慎。

　　關於機車的交通事故中，吾人要特別注意到道路交通標線的劃設，因這部分攸關機車駕駛人行駛的路權規定，此於道路交通安全規則中有明文規範，為能釐清肇事原因，因此，警察同仁務必於現場勘察時，要特別注意標線的劃設，如內側車道是否劃設「禁行機車」標字、有無「快慢車道分隔線」、或有無「路面邊線」等，若能注意相關的勘察要領，將會保障肇事原因分析以及後續鑑定工作的正確性，進而能確保民眾當事人的權益，交通事故的處理人員應審慎之。

三、事故處理改善建議

（一）現場事故處理人員拍攝時應注意：不可僅近距離拍照，如圖9-15黑圈所標示[5]，該路段看似並無劃設「禁行機車」標字，實際上卻有劃設「禁行機車」標字，若在該處發生事故，對於不了解該路段交通設施之鑑定或司法人員會發生誤判的情形，因而失去真相。為求真實呈現，處理人員並應從「遠距離」拍攝肇事現場之交通標線，如圖9-16黑圈所標示。切勿令一張「真實的」現場相片，造成掩蓋事實真相的遺憾。

（二）交通事故的當事人為了推卸責任，於現場事故處理人員製作談話紀錄時，通常會避重就輕回答詢問，甚至有虛假的可能。為能釐清事實真相，保障各方當事人之權益，各項跡證的拍照及定位不可缺少。以本案件為例，雙方是先撞擊後，方才倒地滑行或先倒地滑行後才發生撞擊？又雙方撞擊的地點究竟為何處？雙方行進的路徑究竟為何？為求真實的答案，現場的各項跡證應查明屬誰、並應正確定位。

---

[5]　作者為舉例說明勘察、拍照應注意事項之重要性，自行挑選拍攝非文中案例之適宜路段。該路段實際上有劃設「禁行機車」標字，但處理人員僅近距離拍照，是無法呈現該標字。

圖9-15　近距離拍攝一般車道現場交通標線

圖9-16　遠距離拍攝一般車道現場交通標線

　　交通事故處理人員應要了解，輔以現場明確照片為基礎的佐證資料時，對於道路交通事故現場圖更具有說服力與正確性。這些基礎認知會減少日後鑑定作業查證的困擾，並能提升鑑定事故的正確性。

肆、交通事故處理改善建議

一、警察同仁處理交通事故，應依據警政署所頒布之道路交通事故處理規範進行。

二、處理同仁於現場拍攝事故照片後，依規定應將照片黏貼於「道路交通事故照片黏貼紀錄表」。

三、每1張道路交通事故照片黏貼紀錄，應以1張照片為限。

四、每1張道路交通事故照片黏貼紀錄，均應勾選說明。

五、每1張道路交通事故照片黏貼紀錄，並應註明攝影時間。

六、每1張道路交通事故照片黏貼紀錄，並應註明照片編號。

七、處理同仁於現場拍攝的事故照片，每1張照片均應明確呈現一項主題。

八、處理同仁所拍攝的事故照片，應注意遠、中、近取景。

九、處理同仁所拍攝的對象包括：當事人受傷部位或倒地位置、車損狀況、擦痕、機車倒地及因車禍所引起之各項痕跡、煞車痕、刮地痕、血跡、碎片、交通設施以及道路全景等。

十、車禍案件當事人申請鑑定或覆議時，處理同仁勿使用翻拍照片呈現，以免影響當事人權益。

伍、結語

　　交通事故一旦發生，通常僅有事故處理人員抵達現場，日後該案件若申請鑑定、覆議或進行司法訴訟時，彼等相關專業與司法人員，由於當時均未於事故現場參與處理，並不了解整體事件之實際概況。因此，拍照與攝影工作就成為日後能讓相關人員了解事故發生與事故現場的重要依據之一，不可不慎，這對於鑑定、與司法人員了解案情是具有正向助益的。

　　透過以上筆者所舉出之各項實務案例，吾人可知交通事故處理並非一件單純的工作。道路交通事故的處理人員對於現場應執行的各項工作若有疏忽，將損害到交通事故當事人的各項權益。所以，處理蒐證的態度要完整、細心、正確。

　　也許只是警察同仁處理交通事故的小缺失，日後卻造成當事人的遺憾與

傷害，因此，應避免如本文所提出的各項缺失，交通事故處理人員若能充分了解本文所探討之案例內容並改善缺失，相信有助於還原真實的現場，同時能充分保障用路人的重要權益。

壹、緒論

「為什麼會有人用犧牲自己生命的方式來抗議，於是申請自動調查才發現『烏龍罰單』問題……。」監委黃煌雄接受記者訪問時震撼的表示看法。黃委員進一步指出經深入調查發現：各警察機關於2008年取締各類交通違規，錯誤舉發的「烏龍罰單」案件遠超過2萬件以上，占年度申訴總件數的19.46%，比例明顯偏高，顯示員警交通執法品質不良，監察院因此通過對內政部及交通部的糾正[1]。

依警察法第2條規定：「警察任務為依法維持公共秩序，保護社會安全，防止一切危害，促進人民福利。」而眾所周知，「治安」與「交通」一直是警政署所重視的兩大任務工作，因此，指揮交通順暢、交通執法與防止交通事故發生，警察責無旁貸，相信這也是民眾所期盼樂見的。惟長久以來，交通執法始終為大眾所詬病，因此，如何執法方能貼近民心，的確是執法人員應努力以赴的目標，為免於頭痛醫頭、腳痛醫腳之弊，作者茲將交通執法策略分為三大部分包括嫻熟法令、正確執法以及人性化執法等，分別臚列於後。

貳、嫻熟法令的必要性

嫻熟法令是所有執法人員首要而基礎之課題，相關交通法令多如牛毛，常使用者如：道路交通管理處罰條例、道路交通安全規則、違反道路交

---

[1] 2009/10/10中央社記者葉素萍臺北：交通部對道路交通工程改善及相關管制措施未臻完善，致引發民眾對政府取締交通違規執法之適當性及合理性之疑慮，均有疏失，爰予提案糾正。

通管理事件統一裁罰基準及處理細則、高速公路及快速公路交通管制規則、道路交通標誌標線號誌設置規則、計程車駕駛人執業登記管理辦法，以上所臚列者即已超過五百項法條。筆者認為：執勤同仁除須熟悉常用法令條文外，尚須留意經常新修正之法令。

　　同時，執勤同仁面對諸多法令，亦須了解各法令之特性，方能「尊重法令」[2]、進而「正確執法」[3]。依中央法規標準法第2條：「法律得定名為法、律、條例或通則。」同法第4條：「法律應經立法院通過，總統公布。」同法第5條：「關於人民之權利、義務者，應以法律定之。」因此，「道路交通管理處罰條例」實為「法律」性質，此項重要的法律原則稱為法律保留。筆者以為：處於21世紀舉凡重視人民之權利、義務之年代，執勤同仁取締執法時當然應慎重之，則錯誤舉發的烏龍罰單案件自然會減少。

　　另同法第3條：「各機關發布之命令，得依其性質，稱規程、規則、細則、辦法、綱要、標準或準則。」再依行政程序法第150條第1項：「本法所稱法規命令，係指行政機關基於法律授權，對多數不特定人民就一般事項所作抽象之對外發生法律效果之規定。」準此，「道路交通安全規則、違反道路交通管理事件統一裁罰基準及處理細則、高速公路及快速公路交通管制規則、道路交通標誌標線號誌設置規則、計程車駕駛人執業登記管理辦法」則為「法規命令」之性質。

　　關於警察同仁必須要「嫻熟法令」的部分，作者茲將高達600項多如牛毛而繁雜的交通法令以圖10-1呈現如後：

---

[2]　道路交通管理處罰條例實為法律性質，攸關民眾重大之權利、義務，應慎重之。
[3]　執法同仁不可為績效或獎金而亂開罰單。執法過程更應符合正當程序、依法行政。

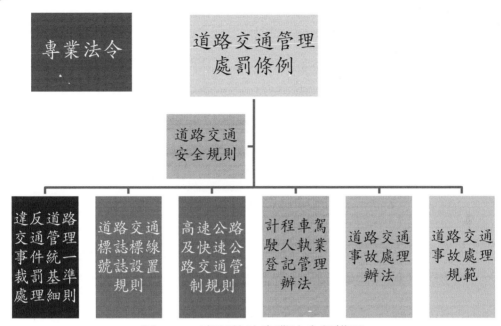

圖10-1　交通執法專業法令架構圖

資料來源：作者自行繪製

參、正確執法的重要性

　　吾人經常見到媒體披露「烏龍罰單」案件[4]，因此，正確認識「罰單」則為執勤人員第二項重要課題。作者茲將「舉發違反道路交通管理事件通知單」（俗稱：紅單）分為五大面向，一一說明探討如後：

一、違規人的基本資料

（一）共分為五項欄位

　　違規人姓名欄、性別欄、出生年月日欄、地址欄、駕照或身分證統一編

---

[4]　2009/04/27自由時報：烏龍罰單判撤 警局又看錯 拒收罰單 加開2張。
　　2010/07/18聯合報：776誤植766烏龍罰單撤銷。

號欄。

（二）注意事項

1. 違規人姓名欄，包括：汽、機車駕駛人、行人或其他用路人。
2. 應依據駕駛執照填寫資料。
3. 若屬巡舉案件時，則應填寫「逕行舉發」。
4. 填寫資料時，應謹慎勿填錯，過去舉凡：性別欄、出生年月日欄均有誤填之案例，而引起大眾之質疑。

二、車籍資料

（一）共分為四項欄位

車牌號碼欄、車輛種類欄、車主姓名欄、車主地址欄。

（二）注意事項

1. 應依據行車執照填寫資料。
2. 若屬巡舉案件時，則應注意相片中之車輛顏色號牌是否與所查資料相符合。若有不符者，不可開單舉發。

三、違規事實資料

（一）共分為四項欄位

違規時間欄、違規地點欄、違規事實欄、舉發違反法條欄。

（二）注意事項

1. 違規時間欄：以違規行為完成之時間為基準。
2. 違規地點欄：填寫違規行為當時之地點。
3. 違規事實欄：明確完整填寫當事人之違規行為事實。如僅填寫「闖紅燈」是不恰當的，應加註方向：填寫「闖紅燈左轉或闖紅燈直行或闖紅燈右轉」。
4. 舉發違反法條欄：應依據道路交通管理處罰條例填寫違反法條資料。

四、當場代保管物件

執勤同仁執行當場代保管物件時，如：車輛牌照、行車執照、駕駛執照、執業登記證等等，勢必影響到民眾的重大權利，因此，務必要符合法治國之法律原則，其中法律保留與依法行政當是所有同仁執勤時所需遵守之。同時，若能恪守依法行政，亦可防止警察不當之風紀問題衍生。茲將第一線執勤時可能會遇見之實務情形說明如後：

（一）當場暫代保管其車輛牌照

使用偽造、變造或矇領之牌照、使用吊銷或註銷之牌照行駛、牌照借供他車使用或使用他車牌照行駛、已領有號牌而未懸掛或不依指定位置懸掛等等。

（二）當場暫代保管其行車執照

行車執照有效期間屆滿，不依規定換領而行駛者，代保管其行車執照。

（三）當場暫代保管其駕駛執照

使用偽造、變造、矇領之駕駛執照駕車、使用吊銷或註銷之駕駛執照駕車、持逾期之駕駛執照駕車、職業汽車駕駛人逾期審驗一年以上、汽車駕駛人酒精濃度超過規定標準、吸食毒品、迷幻藥、麻醉藥品及其相類似之管制藥品因而肇事致人重傷或死亡等等。

（四）當場暫代保管執業登記證

有本條例第36條或第37條之情形，應受吊扣執業登記證或廢止執業登記處分，而未將執業登記證送交其辦理執業登記之警察機關。

（五）當場暫代保管其車輛

拼裝車輛未經核准領用牌證行駛，或已領用牌證而變更原登檢規格、不依原規定用途行駛、未領用牌照且未依公路法規定取得安全審驗合格證明行駛、報廢登記之汽車仍行駛、有本條例第43條第3項後段之情形等。

五、應到案處所、時間

（一）共分為二項欄位

應到案日期欄、應到案處所欄。

（二）注意事項

1. 應到案日期：違規當天日期再加30日。惟下列案件，其應到案之日期，距舉發日為45日：逕行舉發、職權舉發、肇事舉發、民眾檢舉舉發、受處分人非該當場被查獲之駕駛人或行為人。
2. 應到案處所欄：共分為以下四種情形分別填寫。
   (1)以汽車所有人為處罰對象者：移送其車籍地處罰機關處理。
   (2)以駕駛人為處罰對象者：移送其駕籍地處罰機關處理。
   (3)駕駛人未領有駕駛執照者：移送其戶籍地處罰機關處理。
   (4)移送行為地處罰機關處理之情形：汽車肇事致人傷亡、抗拒稽查致傷害、汽車駕駛人未領有駕駛執照且無法查明其戶籍所在地、汽車買賣業或汽車修理業違反道路交通管理處罰條例第57條規定、汽車駕駛人違反道路交通管理處罰條例第35條規定。

六、其他應注意事項

（一）保險證欄

1. 過去經常有執勤同仁忘記未勾選此欄位。
2. 有出示：有出示保險證，且未逾期者，勾選此欄位。
3. 未出示：未出示保險證者，勾選此欄位。
4. 逾期：有出示保險證，惟已逾期者，勾選此欄位。

（二）填單日期欄

1. 過去違規人經常是半年以上甚至一、二年以後才收到罰單，導致民怨不斷，同時，失去即時教育之意義。故立法院修正「道路交通管理處罰條例」第90條。
2. 第90條：「違反本條例之行為，自行為成立之日起；行為有連續或

繼續之狀態者，自行為終了之日起，逾三個月不得舉發。但汽車肇事致人受傷或死亡案件，因肇事責任不明，已送鑑定者，其期間自鑑定終結之日起算。」

（三）收受通知聯簽章欄

在民主法治的年代，公權力的行使務必要接受檢驗，更重要的是要經得起法理原則與民意的考驗。而觀執勤同仁所開的罰單當然屬之，亦無法規避。故執法人員不得不慎，應詳查實情。

1. 駕駛人或其他行為人在本欄簽章，僅證明其有收受通知單。當事人仍得依規定陳述，或依規定程序申請救濟。
2. 依據「道路交通管理處罰條例」第9條第1項：「不服舉發事實者，應於接獲本單三十日內，向處罰機關陳述意見。」
3. 依據「道路交通管理處罰條例」第87條：「受處分人不服第八條或第三十七條第五項處罰之裁決者，應以原處分機關為被告，逕向管轄之地方法院行政訴訟庭提起訴訟；其中撤銷訴訟之提起，應於裁決書送達後三十日之不變期間內為之。」

（四）填單人職名章欄

1. 執勤同仁曾以簽名或背章號碼方式以代替蓋章是不恰當的。
2. 填單人職名章欄應蓋舉發員警之職名章，才是正確的作法。

（五）主管職名章欄

1. 主管職名章欄可預先蓋好單位主管之職名章。
2. 但應注意主管遷調時，蓋有主管職名章之舉發通知單，未經更正不得再使用。

（六）填寫錯誤時

1. 若填寫錯誤時：更正處應加蓋職名章。
2. 錯誤如過多時：應寫報告註銷作廢，再另行開1張，避免引起民眾觀感不佳，影響警察形象。
3. 填寫罰單時，字跡勿潦草，以免影響警察形象。

　　透過上述之闡釋，吾人可知開罰單並非是一件簡單而隨意執法之工作。然而，執勤同仁即使透過以上嚴謹而長期的教育與訓練之後，真的能確實執行嗎？吾人認為警察只不過是一部會開罰單的機器而已，尚缺臨門一腳，仍然無法贏得民心。是故，有關交通執法第三部分——「人性化執法」單元，筆者將另撰文於後與讀者分享。

肆、交通執法案例探討

　　警察同仁填寫交通罰單所造成的疏漏與錯誤往往是造成民怨的主要原因之一，警察同仁自以為小小的錯誤，卻不知身在一個開放民主、處處講究人權的時代中，媒體亦爭相報導，進而造成社會大眾觀感不佳，除了影響自身外，後續還要進行補救以及道歉等措施、更嚴重地是影響警察「專業」形象。作者茲將基層同任過去常犯的錯誤以圖10-2呈現如後：

圖10-2　交通執法常見錯誤架構圖

資料來源：作者自行繪製

　　警察同仁即使嫻熟重要法條，同時，罰單本身也未填寫錯誤，筆者認為還不足以面對以民意為依歸的時代，「執法工作」警察同仁責無旁貸，然而，執法工作若能合情、合理、當更能贏得民心，因此，本文接續要探討交通執法第三項策略——人性化執法。筆者主要擬藉各項實務案例之說明，來深入闡明人性化執法之內涵，茲臚列於後：

一、情境一：對法令不了解

（一）案例一

　　基層甲同仁接獲車禍報案，緊急趕抵現場不敢怠慢，眼下見到一男一女駕駛人，當詢問車禍概況，也了解無人受傷的情況後，執勤同仁即刻告訴當事人，依道路交通管理處罰條例第62條第2項：「汽車駕駛人駕駛汽車肇事，無人受傷或死亡，其汽車尚能行駛，而不儘速將汽車位置標繪移置路邊，致妨礙交通者，處駕駛人新臺幣六百元以上一千八百元以下罰鍰。」隨即依雙方當事人之駕駛執照與行車執照等資料，開出罰單。

（二）案例二

　　基層乙同仁接獲車禍報案，緊急趕抵現場不敢怠慢，眼下見到一男一女駕駛人，當詢問車禍概況，也了解無人受傷的情況後，執勤同仁告訴當事人：「女士、先生兩位好，像這樣的車禍案件，由於沒有人員受傷或死亡，您可以將車輛的四角予以固定，可用粉筆、臘筆或堅硬物品等方式來定位，再將車輛移置到路旁，以免防礙交通順暢；倘若未適當處理移置，日後萬一發生類似的車禍案件，依相關法令可處新臺幣六百元以上一千八百元以下罰鍰，由於你們對法令的不了解，所以，今天就我的專業向各位詳加解說。」

（三）分析說明

　　作者認為車禍的發生是每一位駕駛人都不願意見到的，車禍當下不論是哪一方，心情都不佳，也會慌亂六神無主，此時民眾所期盼的應是人民保姆熱情而溫馨的服務、指導與引導他們該如何進行後續的處理與應注意事項。案例一當中的執勤同仁其處理表達方式，容易令發生肇事案件的當事人雪上加霜，情緒反彈，進而發生不必要的爭執。案例二當中的執勤同仁其處理表

達方式，則充分體會車禍發生現場民眾的困境、無助與對法令認識的欠缺，同時展現出「作之師」與「作之親」的風範，最終能贏得人民的尊重、敬佩與感激之情。

二、情境二：對路況不熟悉

（一）案例一

　　曾聽起友人提起一段交通執法的經驗：爲拜訪親朋好友，駕車來到一個陌生的縣市，所以，一路都特別留意相關的交通標誌，速度也不敢太快，後來覺察到已接近該親友所住的地點時，由於我國的門牌號碼並不顯著，爲避免開過頭，因此，將車輛放慢速度並切入右側，以方便仔細察看號碼，未料不久後方一位執勤同仁將其車輛攔下，並立即開出一張罰單——汽車行駛慢車道。只見該駕駛人的朋友門牌號碼就在眼前，儘管是聲嘶力竭，卻得不到執法人員的回應，其內心的感受可想而知。

（二）案例二

　　作者許久前曾見一篇名爲「超級交警」的報導，令人印象深刻，特別提出與讀者分享：某君與朋友們聚餐，不知何因由，有人談起了警察，於是議論之聲四起，不過他卻挺身爲警察說話。某君說印象最深刻的是有一次因業務需要到高雄，遂開車行經高速公路，最後進入他不熟悉的高雄市。由於趕時間，一下高速公路後即駛越了路面邊線，因而被警察攔了下來，執法同仁請該駕駛人拿出駕行照，仔細一看，係來自臺北，於是對該駕駛說了一句話：「臺北的法令與高雄的不一樣嗎？」相信任何人此時聽了這句話內心都會不高興，因爲，話中帶有刺激性的意味，果不其然這位駕駛朋友心中相當不愉快，此時只見警察開出一張罰單給他，而接手後卻發現不是紅顏色的罰單，終於讓他逮到「機會」，立即反唇相譏：「怎麼高雄的罰單顏色和臺北的罰單（紅顏色）不一樣嗎？」這位駕駛當下覺得警察應該開錯了，也準備要修理對方一番。未料就在你來我往、場面險些火爆失控之際，人民保姆開口說話了：「姑且考量您是外地來的，可能對路況不熟悉，所以，我開了一張勸導單！」此話一出，對方感動地不知如何應對，卻一直放在心中，待空閒時寫下他的溫馨故事投書媒體，名爲「超級交警」。因爲這位警察同仁的

貼心與體諒，使得超級交警一詞，真正代表了其應有的內涵與民眾心中保姆的形象。

（三）分析說明

　　每每上課遇到有任職警察經驗者，我都會提出一項問題：「不曾開車到過陌生地方去旅遊或拜訪親朋好友的同學請舉手？」數十年來，未見有人舉手。接著我提出第二項問題：「來到這陌生地方，您是否要仔細的察看相關的交通標誌與道路名稱……？」學生均點頭表示同意，接續第三項問題：「您是否會走錯路？走錯車道？」此時，學生們會心一笑。筆者相信每個人都曾有過這樣的經驗，不僅要應付車水馬龍的汽機車，更要留意方向是否正確，何處該左轉、何處又該右轉以免走錯了路。然而，駕駛人更要注意地上的許多交通標線，有些是左轉專用車道、有些是右轉專用車道、有些標線禁止跨越，駕駛人一不小心就有可能走錯車道，當下都會心慌意亂，這時候，他們最需要的是適當的指引幫忙。這些問題在我們平日上班或熟悉的道路範疇，都不成問題，只是我們不可能永遠都不離開這些熟悉的道路。

　　對於法令的嫻熟是我們身為一位執法人員的必備條件，然而，能充分地了解與體察駕駛人所面臨的困境更是執法同仁不可或缺的重要一環，包括：民眾對於法令不了解、對於路況不熟悉等。

三、情境三：交通工程缺失

（一）案例一

　　曾有一位女士駕車去洽公，於路旁發現一停車格，遂停好車輛後逕自離開。約一個小時後，欲開車離去時，卻發現愛車不翼而飛，心慌之際，見地上有臘筆所書寫之拖吊保管場名稱等資料，方知已被警察取締拖吊。這位女士心理頓時困惑：該處不是停車格嗎？於是，取來相機拍照要為自己求公道。透過申訴管道，主管單位告知：因該停車格標線已被塗銷，惟經日曬雨淋，原本所使用塗銷之黑線已褪色，而停車格白色標線又浮現，進而影響駕駛人之判斷、造成駕駛人之誤判，因此，准予該駕駛人免罰，真相終於大白。

（二）案例二

　　某十字路口原本禁止左轉，然駕駛人卻看似毫無忌諱地一一左轉，當然也逐一被開罰單，雙方的爭執不時上演，經民眾申訴，裁決單位才發現：原來禁止左轉之標誌已被路旁大樹之樹枝葉所遮蔽，所以駕駛人行經此路口被攔下開單時，當然一頭霧水、火氣十足。於是，主管單位一一撤銷駕駛人所申訴之罰單。

（三）分析說明

　　道路交通秩序的維持固然要靠警察同仁的努力，才得以順暢又安全，功不可沒；惟多數時間，警察仍有其他重要的勤務要執行，無法24小時站在路口段執勤，此時肩負交通安全的重責大任自是由「不講話的交通警察」──道路交通標誌、標線與號誌來執行。可想而知他們對於所有用路人安全的重要性，此時，吾人應關注的是：交通標誌、標線與號誌是否有定期維修檢核，以確保他們在交通工程與安全方面應有之實質功能。因此，警察同仁要發揮明察秋毫與為民服務的精神，首先要反應相關主管單位改善遮蔽交通標誌或號誌的情形，在未改善之前應避免執法而衍生民怨。

第十一章 正當程序之於交通執法

壹、緒論

歷任警政高層一直宣示警察工作的兩大任務為「治安與交通」，可見交通工作對於警察的重要性一般，交通工作又包含交通指揮疏導、交通執法以及交通事故處理等。而本文主要探討交通工作中的交通執法部分，長久以來，交通執法始終為社會大眾所詬病，藉由觀察眾多實務案例後，筆者發現影響交通執法品質的原因甚多，包括：法令不嫻熟引用錯誤、執法態度問題、比例原則的認知與運用、人性化執法等等，均待撰文探究。筆者於本文中擬以正當程序的內涵以及對交通執法的重要影響為主，深入探討警察人員於交通執法時所應注意與遵守的法治國原則。

正當程序之觀念首見於典章中，應起源於英國1215年「大憲章」（Magna Charta）中第39條規定，其全文如次[1]：

"No man shall be taken or (and) imprisoned or dismissed or outlawed or exiled or in any way destroyed, nor will we go upon him nor send upon him, except by the lawful judgment of his peers or (and) by the law of the land."

這些條文對於「正當程序」和「國法」之概念並無具體說明，惟依學者間之見解，認此二者乃屬同一意義[2]。

然正式出現此一名詞正當程序（Due Process of Law），則應在西元1355年愛德華三世公布之「倫敦西敏寺自由法」中第3章第28條，其內容如次[3]：

---

[1] 參見郭介桓，正當法律程序──美國法制之比較研究，收錄於憲法體制與法治行政──城仲模教授六秩華誕祝壽論文集，1998年8月初版，頁129。

[2] 參見林國漳，淺釋行政法學上之「正當法律程序」原則，收錄於行政法之一般法律原則（一），城仲模主編，1999年3月再版，頁56。

[3] 參見湯德宗，論憲法中的正當法律程序，收錄於「正當法律程序原則之內涵與落實」學術研討會，1999年11月6日，頁3。

"No man of what state or condition he be, shall be put out of his land or tenements nor taken, nor disinherited, nor put to death, without he be brought to answer by due process of law."

　　本文主要目的係探討交通執法與正當程序間之關聯，進一步了解正當程序對於警察執法工作之重要性。筆者藉由各項實務案例來深入闡明民主法治國度在正當程序觀念上應具備之內涵，茲臚列於後。

貳、交通執法案例探討

一、案例一：測速警示牌太遠──車主超速判免罰

（一）案由

　　以下案例是一起關於超速交通罰單之爭議：中臺灣一名大學研究生駕駛小客車行經快速公路，因超速而遭警方開出告發單。緣起該名研究生駕駛剛買的愛車，於年初開車帶女友出遊散心，卻在中部某快速公路超速10公里，被罰款1,600元，他不服警方所開出的罰單，遂向法院提出聲明異議勝訴成功[4]。

（二）分析探討

　　依據違反道路交通管理事件統一裁罰基準及處理細則相關法令規定：駕駛汽車行車速度超過規定之最高時速逾10公里，就算超速。該名研究生不服的主要原因是：該快速公路約在4.5公里處的固定測速照相機前有警告標誌牌，但警方在7.1公里處所擺設的移動式測速相機前，卻毫無任何警示牌。因此，他向法院提出聲明異議，換言之：警察所設置的移動式測速照相機前，根本沒有警示牌，甚至距離固定式測速照相機之告示牌距離達2.8公里之遠。二審法官認為測速照相機之警告標誌牌距離遠達2.8公里，超過民眾對標誌牌所涵蓋距離的認知，因此勝訴成功。警方說：「尊重判決，但堅持取締絕對『依法』」。

---

[4] 2007/07/07/中時電子報。依新制已改為受處分人不服第8條或第37條第5項處罰之裁決者，應以原處分機關為被告，逕向管轄之地方法院行政訴訟庭提起訴訟；其中撤銷訴訟之提起，應於裁決書送達後30日之不變期間內為之。http://law.moj.gov.tw/，全國法規資料庫。

　　依據「道路交通管理處罰條例」第7條之2第1項第7款：「汽車駕駛人之行為有下列情形之一，當場不能或不宜攔截製單舉發者，得逕行舉發：『經以科學儀器取得證據資料證明其行為違規。』」復依同條第3項前段：「對於前項第9款之違規行為⋯⋯『行車速度超過規定之最高速限或低於規定之最低速限。』採用固定或非固定式科學儀器取得證據資料證明者，於一般道路應於一百公尺至三百公尺間，於高速公路、快速公路應於三百公尺至一千公尺間，明顯標示之。」警政署為回應內政部長提出「交通執法嚴謹度」的要求，特別提出以下說明：部分警察機關取締超速照相，未依規定設立告示牌，招致外界批評，警政署最近緊急通令全國各警察機關，在一般道路、高速公路與快速道路要取締超速時，必須依規定在前方設立告示牌，否則將懲處，而遭舉發的民眾，若發現警方未設立告示牌，也可提出申訴，撤銷罰單[5]。

圖11-1　警察人員執法用測速照相機

圖11-2　測速照相機前方應設置警告標誌

---

[5]　2007/07/24/自由時報。

圖11-3　執法人員正確執法觀念圖

　　筆者業於警專論壇創刊號中，詳細說明過執勤同仁面對諸多繁複之法令時，第一步必須先行「了解法律之特性」，方能「尊重法律」、進一步達到「正確執法」[6]，這也是許多警察同仁執法時所欠缺者，因此，導致爭議不斷發生，擾民又傷己，故而基礎教育非常重要，卻為一般人所忽略。

　　尊重法令之重要性，於本文所舉這項實際案例之中可見一般。依中央法規標準法第2條：「法律得定名為法、律、條例或通則。」同法第4條：「法律應經立法院通過，總統公布。」同法第5條進一步規範：「關於人民之權利、義務者，應以『法律』定之。」綜觀以上規範，筆者要強調「道路交通管理處罰條例」實為「法律」性質而非一般行政命令之層級，又中央法規標準法第6條：「應以法律規定之事項，『不得』以命令定之。」此項重要的法律原則稱為「法律保留」。

　　再觀我國大法官釋字第394號略以：「……對於人民違反行政法上義務之行為科處裁罰性之行政處分，涉及人民權利之限制，其處罰之構成要件及法律效果，應由『法律』定之。若法律就其構成要件，授權以命令為補充規定者，授權之內容及範圍應具體明確，然後據以發布命令，始符『憲法第23條以法律限制人民權利』之意旨。」大法官會議不僅一次提出相同的法律觀點以強調人民權利維護之重要性，茲再以釋字第402號闡明略以：「……對人民違反行政法上義務之行為予以裁罰性之行政處分，涉及人民權利之限制，其處分之構成要件與法律效果，應由『法律』定之，法律雖得授權以命令為補充規定，惟授權之目的、範圍及內容必須具體明確，然後據以發布命令，方符『憲法第23條之意旨』。」[7]

6　2011/10/警專論壇創刊號，2011年10月初版，頁106-110。
7　http://www.judicial.gov.tw/，大法官會議解釋。

讀者可能要問：「爲什麼關於人民之權利、義務者，應以法律定之？」因爲，吾人係身處於「民主法治」國度中，爲追求落實其眞諦與內涵，所有執法人員皆應遵守「正當程序原則」，其最終目的就是要彰顯「人權保障」之重要性與踐履「人權保障」之實質內涵，否則恐僅淪爲民主法治之形式口號，而欠缺民主法治之眞實內涵。惟身爲執法人員的我們眞正踐行了「正當程序原則」嗎？

筆者試問：人權保障重要嗎？相信一般人都會回答：「很重要。」但倘若執法人員未能眞正地充分了解到什麼樣的執法作爲方能符合正當程序，試問又如何能踐行人權保障之實質內涵？揭櫫刑事訴訟法內容即可知曉一二，該法第2條第1項：「實施刑事訴訟程序之公務員，就該管案件，應於被告有利及不利之情形，一律注意。」筆者要請大家留意「不利情形，應注意。」之外，法律明文規範「有利」之情形，亦應一律注意。同法第154條第1項：「被告未經審判證明有罪確定前，推定其爲無罪。」同法第155條第2項：「無證據能力、未經合法調查之證據，不得作爲判斷之依據。」綜觀以上法律制定之精神與內涵，筆者要強調吾人應體會：這是每一位國民在我國民主法治中所應享有之基本權利，包括「你」、「我」在內，無一例外，因此，執法人員切勿加入個人主見與喜惡。

筆者相信：日常生活中，我們都有被誤會的經驗，此時每一個人的內心感受一定都非常不好。各位讀者試想倘若有朝一日在職場或日常生活中，遭遇不白之冤時，我們是否會冀望、會大聲吶喊：「相關執法人員包括警察、檢察官乃至法官能透過公正、公平的程序，給我們一個發聲的機會，並將所有證據（包括有利與不利）攤在陽光下，逐一檢視，以還我們一個公道、一個清白，從而充分踐行民主國度中憲法保障我們個人人權的法治國精神。」

再試想：檢察體系發現可疑犯罪人物，欲進一步蒐集各項情資時，能否未經正當程序取得監聽票後，即逕自進行監聽工作？倘一切順利取得相當之證據，而法官卻因該等相關證據取得未能恪遵法定之正當程序，因此宣告無罪；此時，檢察官能否宣稱：「如果民眾不違法，也許就可以避免爭議了。」

上課時，我經常問學生們：「倘若我們自身與眷屬遭『違法搜索』、『違法監聽』，經當事人向法庭提出異議。檢察官卻說：若你不涉嫌違法，

就不會有此爭議了。我們內心能接受嗎？」

交通違規行為固屬不當，惟我國「法律」[8]既有明文規範：「採用固定或非固定式科學儀器取得證據資料證明者，於一般道路應於一百公尺至三百公尺間，於高速公路、快速公路應於三百公尺至一千公尺間，明顯標示之。」該法係透過立法院三讀通過，並經總統公布，表示這是攸關社會大眾的重大權利，因此，應符合「法律保留」之重要原則。立法既如此慎重其事，警察執法工作又豈能無視於法律精神、內涵與其存在之價值？畢竟我們係身處於「民主法治」之國家，焉能法治價值觀一套、執法卻又是另一套呢？易言之，法治之原理、原則並不只用在背誦考試方面，更要充分地踐履在我們的執法工作上。倘若不是如此，再請讀者思考：「刑事訴訟法」存在的價值何在？「行政程序法」存在的價值又為何？

各位讀者須了解程序正當向來為英美國家所重視，相對大陸法系的我國在此方面就不若歐美國家之慎重。直到進年來才漸漸為我國所重視，端視刑事訴訟法之修正[9]與行政程序法之制定時程[10]，即可完全知曉。因此之故，其

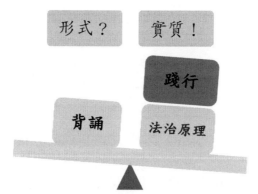

圖11-4　法治原理原則重於踐行觀念圖

資料來源：作者自行繪製。

8　中央法規標準法第2條：「法律得定名為法、律、條例或通則。」故「道路交通管理處罰條例」為法律毋庸置疑。而此法律所規範者，警察同仁當應恪遵不可逾越。

9　2003年，刑事訴訟法採改良式的當事人進行主義。其重要範疇包括確立我國違法取證排除法則、傳聞法則、自白法則等。

10　中華民國88年2月3日總統（88）華總一義字第8800027120號令公布全文175條；並自90年1月1日施行。

立法中最重要的法治國精神恐尚有多數人並不完全了解。所以，目前仍有執法人員疏忽正當程序之遵守[11]，警政單位應重視作者所提出之根源問題，而非治標「頭痛醫頭、腳痛醫腳」。

更值得讀者注意的是，正當程序不僅是指「公平合理的司法程序」，亦兼指「公平合理的法律」。因此，此項重要原則不僅是針對程序方面，甚且包括法律的內容及其目的是否合法[12]。透過正當程序之內涵，吾人可知爲何有些法律條文被宣告違憲[13]；透過正當程序之內涵，吾人更可充分地了解違法取證排除法則之重要性與存在價值[14]。

二、案例二：抗告違規——高院裁定開交通罰單須舉證

（一）案由

本案發生於95年7月某日清晨5時許，陳姓女子騎車行經臺北市新生南路某段某巷口時，當時交通號誌正好綠燈變黃燈，這時正在對向臺大校門口的警員，認爲陳女闖紅燈，馬上掉頭迴轉。由於該處巷口，往前不到50公尺左轉，就是羅斯福路四段，林員等人追到羅斯福路四段52巷時，才把陳女攔下。儘管陳女說她未闖紅燈，並要求到警察局說明，但現場警察卻說「再狡辯就是妨害公務」，還說要多開幾張罰單。陳女力爭無效，就未在罰單上簽名。沒想到，明明有駕照的陳女，後來竟多收到一張「無照駕駛」罰單。陳姓女機車騎士不服，於是向交通法庭提出聲明異議[15]。

---

[11] 監察院通過糾正案——案號099內正0013：「本案警方，二次至業者處所進行實質性行搜索，均無聲請核發搜索票，雖經受搜索人出於自願性同意，但卻未將同意之意旨記載於筆錄，有違刑事訴訟法所規定之搜索程序，核有違失。」

[12] 周道濟，基本人權在美國，臺灣商務印書館，1977年7月初版。傅崑成等15人編譯，美國憲法逐條釋義，三民書局，1991年8月。

[13] 參見大法官會議釋字第166號及第251號兩項關於違警罰法違憲條文之解釋。

[14] 參見刑事訴訟法第155條第1項：「證據之證明力，由法院本於確信自由判斷。但不得違背經驗法則及論理法則。」第2項：「無證據能力、未經合法調查之證據，不得作爲判斷之依據。」復依同法第156條第1項：「被告之自白，非出於強暴、脅迫、利誘、詐欺、疲勞訊問、違法羈押或其他不正之方法，且與事實相符者，得爲證據。」第3項：「被告陳述其自白係出於不正之方法者，應先於其他事證而爲調查。該自白如係經檢察官提出者，法院應命檢察官就自白之出於自由意志，指出證明之方法。」

[15] 2007/05/20/中時電子報。

（二）分析探討

　　經高院交通法庭審理後，合議庭發現，開單警察曾在一審時出庭作證說：他是發現陳女闖紅燈後，才尾隨追攔陳女機車，並以電腦查詢，才另開罰無照駕駛。但高院查出：員警是在回到派出所後，才開單逕行舉發陳女無照駕駛，且在罰單左上角虛僞記載：「當事人表示無違規拒簽收，已告知相關權利事項。」合議庭認爲：林員顯然在一審時作僞證，並涉及公務員登載不實僞造文書之嫌，且還將陳女性別錯誤記載爲「男」，證據不足駁回一審裁定。合議庭法官認爲：林姓員警舉發陳姓機車騎士無照駕駛，無明確違法證據存在，在這種情況下，如何能證明他的舉發和作證陳述，具備正確性和公信力？因此，合議庭進一步指出：本案舉發警察既然未盡舉證責任，就該撤銷一審駁回闖紅燈異議的裁定，發回重裁。本案已確定，不能再抗告。

　　整頓交通秩序，警察責無旁貸，民眾也一定會給予支持，但不要落入以猛開罰單，把民眾當提款機的執法手段來改善交通，相信容易引發社會大眾不同之意見。逕行舉發違規，因爲不是當場攔檢取締，往往容易引發民眾爭議，因此，警政署也希望降低執法之比例，改以當場舉發爲主，並能發揮教育功能。交通法庭受理聲明異議案件，有不少是因逕行舉發而起，原因多數爲這類違規案件，主要都是依賴開單警察的目擊、舉發即可。而實務上許多交通違規情況都是發生在瞬間，因此，賦予警察舉發權力，當然符合交通之實際狀況。惟交通法庭在審理許多關於道路交通之聲明異議案件時卻發現：逕行舉發手段，有時會成爲警察濫用權力的根源。同時，隨著法治精神的進步，交通法庭對於證據的要求越來越嚴格，這也正因爲警察誤罰、錯罰之情況不勝枚舉！依據道路交通管理處罰條例第89條：「法院受理有關交通事件，準用刑事訴訟法之規定」[16]，因此，法庭才要求警方負起舉證之責任。（中華民國100年11月23日總統華總一義字第10000259691號令修正公布：刪除第89條，主要係爲配合司法院將現行交通聲明異議事件改依行政訴訟程序審理之規劃，未來交通裁決事件之訴訟，將由地方法院行政訴訟庭審理，其處理程序於行政訴訟法已有明文，爰刪除現行條文第88條及第89條有關法院受理交通裁決事件準用刑事訴訟法及其處理規定。）

---

[16] 中華民國100年11月23日總統華總一義字第10000259691號令修正公布刪除第88條、第89條。

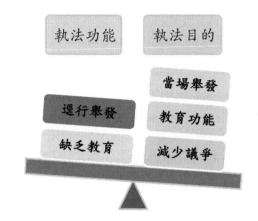

圖11-5　當場舉發與逕行舉發執法觀念圖

三、案例三：測速警示牌低於120公分——超速不罰

（一）案由

　　以下案例是另一起關於取締超速交通罰單之爭議：100年10月23日吳姓駕駛人駕駛重型機車行經安南區臺17線170.7公里時，被測速照相機儀器測得時速143公里。交通大隊依法舉發並移送監理站，臺南監理站處分吳姓駕駛人罰鍰8,000元，並加計違規點數3點及吊扣吳姓駕駛人駕駛執照3個月。吳姓駕駛人不服向監理站申訴未果，遂向臺南地方法院交通法庭提出聲明異議勝訴成功[17]。

（二）分析探討

　　本文於案例一中曾論及測速警示牌太遠，車主超速判免罰之案由，強調相關執法人員應依據「道路交通管理處罰條例」第7條之2第3項前段：「對於『行車速度超過規定之最高速限……』採用固定或非固定式科學儀器取得證據資料證明者，於一般道路應於一百公尺至三百公尺間，於高速公路、快速公路應於三百公尺至一千公尺間，明顯標示之。」

　　惟有關道路上的「交通標誌」設置事項尚有其他相關法令嚴謹規範，

---

[17] 2012/04/02/聯合報。

工程或執法人員應確實依法行政，不可恣意妄爲而損及民衆生命與財產之重要權益。依據道路交通標誌標線號誌設置規則第16條第1項：「標誌以豎立於行車方向之右側爲原則，特殊情況得豎立於行車方向之左側或以懸掛方式設置之。」又第2項：「除本規則另有規定外，標誌之牌面應與行車方向成九〇度角爲原則。但得視實際情況酌量調整其水平或俯仰角度。」其立法規範之目的即是依據我國目前交通實務環境而考量駕駛人之特性，冀望藉由交通工程妥適之設置可使駕駛人易於及時辨讀交通標誌，最終保障所有用路人行的安全與權益；復依同法第18條第2項：「豎立式標誌設置之高度，以標誌牌下緣距離路面邊緣或邊溝之頂點一公尺二十公分至二公尺十公分爲原則，其牌面不得妨礙行人交通。共桿設置時，同支柱同方向至多以三面爲限，並依禁制標誌、警告標誌及指示標誌之順序，由上至下排列。」其立法目的則是要保障所有駕駛人能依正常速率行駛下，確實掌握道路交通標誌中所要傳達之重要訊息，進一步保護用路人之基本法益，以避免道路交通標誌之設置流於形式而失去保護意義。觀警方執法測速照相機前所設置之警告標誌當屬該法中之豎立式標誌毋庸置疑，故而亦應恪遵其法令規範。

然而相關工程或執法人員於未能充分了解相關法令制定之內涵與目的時，或許會以爲：「不是安全島上設置警示標誌，眼睛看得到就可以嗎？」此與超速執法應具備之警示距離爭點有異曲同工之處，臺南地方法院發言人吳勇輝先生表示，道路上的警示標誌位置一旦太低時，駕駛人於行進中很可能會被其他過往車輛所遮擋，因而無法看到標誌超速被罰，此時當然可向法院聲明異議，要求撤銷處分。依照該規則，標誌下緣離地面至少應120公分，標誌低於駕駛目視角度水平之下，警方取締不符合正當法律程序。進一步，交通法庭法官指出，規定警示標誌設置高度，是要避免受車身或是其他車道的車輛遮蔽，無法一眼清楚辨識內容。該處警示標誌的確低於規定，顯然無法達到「避免人民權利遭受突襲」的立法保護目的，因此裁定撤銷。

圖11-6　案內測速警示牌，經法院撤銷罰單後，已修改高度

　　透過以上作者所列舉各項執法之實務案例，進行深入分析與探討後，相信讀者更可充分了解到，警察同仁執行法令實非易事，有許多須應注意之重要事項，包括警察同仁必須具備更重要的法治觀念是：21世紀的民主法治社會中，警察同仁代表政府執行任務時，應遵守法治國重要原則「正當程序」，不僅要依法行政，勿逾越法律界線，更要恪遵相關法定程序，方能達到法治國家實質內涵之期待，並通過民意之考驗。

四、案例四：道路交通標線不清——應暫緩取締

（一）案由

　　以下實際案例是關於道路交通標線之爭議。臺北市議員賴素如在議會交通部門質詢時指出：臺北市路邊標線品質不一，紅線黃線畫在一起，長久以來被市民所詬病，要求市府儘快改善。同時，議員賴素如要求在未完成改善整頓之前，警方不應該進行違規停車取締[18]。

（二）分析探討

　　民眾一般認知紅線是禁止停車，黃線則可以開放臨時停車上下客。依據道路交通標誌標線號誌設置規則第168條規定：「禁止停車線，用以指示禁止停車路段，以劃設於道路緣石正面及頂面爲原則，……。本標線爲黃實

線，線寬除設於緣石正面者以緣石高度為準外，其餘皆為一○公分。本標線得加繪黃色『禁止停車』標字，……沿本標線每隔二○公尺至五○公尺橫寫一組。本標線禁止時間為每日上午七時至晚間八時，如有延長或縮短之必要時，應以標誌及附牌標示之。」

復依同法第169條規定：「禁止臨時停車線，用以指示禁止臨時停車路段，以劃設於道路緣石正面或頂面為原則……。本標線為紅色實線，線寬除設於緣石，正面者以緣石高度為準外，其餘皆為一○公分。本標線得加繪紅色『禁止臨時停車』標字，……本標線每隔二○公尺至五○公尺橫寫一組。本標線禁止時間為全日廿四小時，如有縮短之必要時，應以標誌及附牌標示之。」

但目前臺北市道路交通標線由於維護不良，導致破損褪色狀況隨處可見，還有紅黃白三線並存的混亂狀況，嚴重影響駕駛人之判斷。議員賴素如進一步以照片指出：「臺北市忠孝東路、仁愛路、中正路、瑞光路、公園路、復興南路二段和陽明山仰德大道等道路，路邊標線幾乎是荒腔走板！」

其混亂狀況包括：1.部分紅黃線因雨淋日晒褪色變成橘線；2.部分是塗銷紅黃線後留下的灰色痕跡；3.還有黃線上疊著紅線；或者紅線與白線並存；4.最離譜的狀況發生在仰德大道，不但有紅白黃三色並存情況，還分成「黃、紅、白」及「紅、白、黑」不同組合，著實令人搖頭不已。

據作者了解發生問題的原因有許多：1.過去因常有民眾私自繪停車位或紅黃線，衍生爭議，故交工處改在路緣石30公分繪上耐用性強的熱拌線，才會出現人行道和水溝上都有標線的狀況。2.紅黃線疊在一起、或紅黃並陳的標線，通常是工程人員施工修改留下的歷史痕跡，施工單位原本希望讓緣石上的舊標線自然消失，卻未料已引起駕駛人之混淆。

針對議員在議會交通部門提出的質詢，筆者認為基層同仁交通執法觀念與作為若有不當極易衍生「民怨」，在遇有標誌標線不清時，最好暫緩取締，避免引起執法爭議及民怨，而實務單位應利用常年訓練等重要機會加強員警正確執法觀念教育。而交通大隊大隊長亦表示：過去員警常有「先取締再說，有問題你自己去申訴」的心態，往往引起民怨；警察局亦指出：未來標線標誌不清楚的話，員警應暫緩取締並立即反映相關單位改善。這些警惕及建議都值得員警同仁細心體會，並落實在具體執法上。

圖11-7　紅黃線同時存在造成用路人混淆1

圖11-8　紅黃線同時存在造成用路人混淆2

五、案例五：停車格線殘留——誤停裁定免罰

（一）案由

　　本案發生於98年5月15日下午2時，沈姓女機車騎士（37歲）將機車停放在臺中市朝富一街51號對面舊有機車停車格，被臺中市警察局交通隊警員拍照舉發違規停車[19]。

---

[19] 2010/01/20/聯合報。

（二）分析探討

　　臺中市朝富一街51號對面街道原本劃設有機車停車格線，後經工程單位塗銷並改為汽車停車格，惟去年5月間因舊有機車停車格線尚未完全清除，沈姓女機車騎士遂將機車停放在該處，女騎士認為，現場停車格內舊有的機車停車格線仍然明顯，而且當時還有其他機車停放，讓她無法清楚辨別不能停放機車，雖然當時停車格旁的行道樹貼了一張A4白紙告示機車格已改成汽車停車格，她堅持政府單位行事不應該如此馬虎草率，沈女向苗栗監理站申訴，苗栗監理站仍裁處600元。

　　沈姓女機車騎士表示不服，她認為由於該交通工程設施不當、不清楚而形成陷阱區，致其誤停被開罰單，遂向法院提出聲明異議，法官認為沈姓駕駛所訴有理，裁定不用罰。

　　依據道路交通標誌標線號誌設置規則第2條：「標誌、標線、號誌之設置目的，在於提供車輛駕駛人及行人有關道路路況之警告、禁制、指示等資訊，以便利行旅及促進交通安全。」吾人可知交通標誌、標線與號誌設置目的係提供用路人必要之交通訊息，以維護交通秩序與安全。同法第6條：「道路於開放通行之前，應將必要之標誌、標線、號誌設置妥當。道路與交通狀況有變更時，應增設必要之標誌、標線、號誌，並將不必要之標誌、標線、號誌同時清除。」因此，以本案例而言，當朝富一街51號對面街道原本劃設之機車停車格線，經工程單位改為汽車停車格時，應先將原本機車停車格線完全塗銷之，以避免駕駛人不必要之困惑。再觀同法第7條：「標誌、標線、號誌應經常維護，保持清晰完整及有效性能。標誌、標線、號誌遭受損毀時，應由主管機關及時修復，並責令行為人償還修復費用。」立法原意明白揭示標誌、標線與號誌隨時應保持其所具備之警告、禁制、指示等功能，以利社會大眾交通安全目的之達成。

　　再觀行政程序法第1條規定：「為使行政行為遵循公正、公開與民主之程序，確保依法行政之原則，以保障人民權益，提高行政效能，增進人民對行政之信賴，特制定本法。」以及同法第5條規定：「行政行為之內容應明確。」[20]故吾人可知工程單位於塗銷修改交通標線原未盡符合明確性原則，

---

[20] http://law.moj.gov.tw/。

已有缺失在前，警察機關執法自當暫緩，待工程單位修設交通標線完備明確之後，方才執法，始能增進人民對行政之信賴，進而保障人民權益。

故而法官進一步指出：行政機關原本即有義務對於標誌、標線、號誌經常維護，保持清晰、完整及功能性，朝富一街51號對面街道舊有標線並未完全清除，讓民眾無所適從，因此撤銷該沈姓駕駛的處罰。

六、案例六：員警搶業績？同件違停連開2罰單——時間僅差1小時

（一）案由

桃園一名趙姓駕駛人到臺北洽公，由於車位難尋，因此，他就先把車停在新生南路和信義路的交叉口，事後不久後他竟然收到2張罰單，仔細察看2張罰單開單的時間只相差1個小時，但是違規地點一張是寫新生南路，另一張卻寫信義路，讓車主氣得大罵，員警搶業績實在是搶過頭了[21]。

（二）分析探討

本案例駕駛人因為找不到車位，於是就把車輛停在交叉路口，該行為已明顯違反道路交通安全規則第112條汽車停車規定，警察依法取締違規行為原無不當，惟查依據違反道路交通管理事件統一裁罰基準及處理細則第13條第4項：「逕行舉發汽車有本條例第五十六條第一項或第五十七條規定之情形，而駕駛人、汽車所有人、汽車買賣業者、汽車修理業者不在場或未能將汽車移置者，每逾二小時，得連續舉發之。」該條文已明確規範警察同仁執行取締違規停車之限制須逾2小時，方得連續舉發之。

案例中的2張舉發照片：均在相同的交叉路口，且為同一臺黑色轎車，其間差異是第一張拍得比較近，另一張角度比較遠。再將罰單比對，第一張罰單上寫的違規時間是3月29日上午9點41分，地點在新生南路一段161巷；第二張罰單的違規時間則是同一天3月29日上午10點45分，只是違規地點換成了信義路三段，而開罰單的卻是同一名警察。易言之，該員警3月29日9點41分先在新生南路一段跟信義路口拍下第一張駕駛人在新生南路上的違規事證，1個小時後，他又來到同一個路口，但是角度站得比較遠，然後拍

---

[21] 2007/04/26，東森電子報。

下第二張照片，也就是在信義路上的違規事證。

　　警察同仁執法前應對於相關的法令規定一定要嫻熟，此論點作者已分別於警專論壇創刊號以及第二期當中詳述之，其重要性同時可於本案例中獲得印證。相關法令既已明文規定：「取締違規停車之限制須逾二小時，方得連續舉發之。」警察同仁焉能僅為了績效而逾越法令規範恣意而為，並造成社會大眾負面的觀感。

　　透過以上作者所列舉出之各項實務案例，進行深入分析與探討後，讀者更可充分了解，警察同仁執行法令並非易事，有許多應注意之重要事項，包括：要嫻熟法令、勿亂開罰單、以及人性化執法認知等；同時，警察同仁必須具備更重要的法治觀念是：21世紀的民主法治社會中，警察同仁代表政府執行任務時，應遵守法治國重要原則「正當程序」，不僅要依法行政，勿逾越法律界線，更要恪遵相關法定程序，方能達到法治國家實質內涵之期待，並通過民意之考驗，易言之，執法的目的是否具有正當性？執法的手段是否依據現行法令規定？是否符合正當程序？

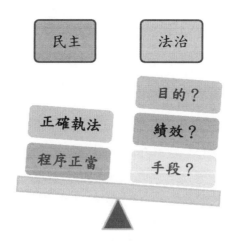

圖11-9　民主法治國執法目的與手段間之正當連結

資料來源：作者自行繪製。

七、案例七：交通違規──開單須眼見為憑

（一）案由

　　案件發生於96年1月份，25歲魏姓女子騎乘機車，循新北市環河路由樹林往臺北市方向，途中行經環河路、中正路61巷口時，因其車速較慢，雖然是綠燈時相下通過該路口，卻因該處為彎道，造成當時一名警察雖然沒有親眼目睹魏姓女機車騎士闖紅燈，但從中正路61巷的號誌已變為綠燈，進而推論出魏小姐之行車方向應該是紅燈，故而依此認定魏姓女機車騎士闖紅燈而開單[22]。

（二）分析探討

　　我國警察同仁過去實際執法時，常以推論方式為之，其中尤以取締駕駛紅燈右轉最多。經常性的作法即是：執法同仁站在一般駕駛人違規右轉處所，然後注視著車輛直行方向的交通號誌狀況，只要號誌綠燈變成紅燈時，而車輛仍右轉行駛，警察同仁便認定該駕駛人是違規闖紅燈行為，而不論該駕駛是否有其他因素，如因轉彎車速過慢所致。由於警察同仁所站立位置，看不到橫向車道上的交通號誌，所以，只能推論該等駕駛係在紅燈時相狀態下違規轉彎，因而極易汧生許多爭議案件。

　　魏姓女機車騎士不服向臺北地方法院聲明異議，獲得法官審理支持，認為員警應親眼目擊駕駛人違規，才能告發，故而裁定魏姓女機車騎士免罰。同時，警政署指出：這項判決結果，對警察來說是「善意的提醒」，員警執法確實應做到內政部長「提高交通執法嚴謹度」的要求才行；警政署因此特別下公文給全國各警察機關，一舉廢除實務上行之有年的「推論告發法」。

　　筆者經常於課堂中舉出一例供學生日後從事執法工作之省思：某日我搭乘校車於公館圓環站下車後改搭公車，不久該路公車到站，我依序上車，運氣還不錯，車上人並不多，走到最後一排恰有空座位坐下來，公車前進出發了，約2站之後，有位白髮蒼蒼的婆婆上車了，她並未往後走，只是站在前2排座位旁，此時只見座位上的一位女學生站起來要讓座，然而，該位婆

---

[22] 2007/7/17/自由時報。

婆卻伸出右手觸碰女學生的左肩膀，當時任何旁觀者都可以清楚地了解其意思是：謝謝妳，不用了。公車又繼續地往前行，約莫一會兒，我突然感觸頗深，凡是在年輕人剛剛發揮禮讓精神那一幕之後才上車的任何一乘客見到──「年輕女學生旁站著一位白髮蒼蒼的婆婆」一幕時，不知是否都會想：世風日下，現在的年輕人眞不懂禮貌呀。

「眞相不易察覺」我告訴學生們，凡是後來上車的人們全都誤會該名女學生了，所以「眼見未必是眞」，因此，執法人員面對任何案件時一定要發揮名偵探柯南精神，凡事要抽絲剝繭、勿枉勿縱。我們自己不也是由衷地希望別人能如此公平對待我們嗎？

該臺北地方法院的這項判決，認定員警不能僅憑藉著「推論」來舉發闖紅燈違規行爲，準此，警政署亦通函全國各縣市警局與國道公路警察局，指出若只憑推論舉發違規的作法，確有瑕疵，進一步指示全國員警即日起取締闖紅燈，只能採拍照舉發或「直接目擊」，不得再以推論做爲舉發依據。

八、案例八：闖紅燈？警察沒拍到──法官撤罰

（一）案由

宜蘭縣礁溪警方執行路檢勤務時，發現某轎車駕駛人闖紅燈，但由於對方的車速太快攔不住，卻攔住被超車的機車騎士，警方認爲女機車騎士闖紅燈，因此依違反道路交通管理處罰條例舉發開紅單，由宜蘭監理站裁處罰鍰1,800元，記違規3點。莊姓女機車騎士不服，自認車速慢，過路口時是黃燈，紅燈未亮。交通法庭認爲，警員未錄到機車騎士違規，且遠距離目測可能誤判，裁定不罰。[23]

（二）分析探討

100年5月5日，莊姓女子騎乘重型機車，行經宜蘭縣礁溪鄉礁溪路一處路口，恰遇宜蘭縣礁溪分局警方執行路檢攔截闖紅燈轎車，但因車速太快攔不住，卻攔住被超車的莊姓女子機車，警方認爲該女騎士闖紅燈，開她紅單。惟該莊姓女騎士表示不服，因此，據以向宜蘭地方法院交通法庭提出聲

---

[23] 2011/11/24/聯合報。

明異議，她表示騎車經過路口時，車速緩慢，到路口時，號誌為黃燈，經過路口的白線後，號誌方才轉為紅燈，並未有闖紅燈行為。莊姓女騎士說，她經過路口時，有一輛小客車超速闖紅燈，從她機車後方加速超車到她的機車前方，此時有兩名警員從路邊樹下突然出現想要攔停該違規小客車，但並未攔到；而她看到警員衝出到路中央時，怕撞到執勤的警員，隨即煞車停下，卻被開單。

交通法庭勘驗舉發光碟後發現，警方所蒐證的檔案是拍到小客車違規，並未拍到莊姓女機車騎士闖紅燈，依此不能證明她闖紅燈；法官進一步指出，方姓警員舉發時，因前有彎道，又與行車管制號誌前停止線相距100公尺，是否能正確無誤辨識莊姓騎士闖紅燈，不能無疑，所以撤銷原處分不罰。

九、案例九：警告標誌被樹遮擋──超速罰單免罰

（一）案由

陳姓女駕駛於民國100年的1個月內，被新竹市公道五路上相同的測速照相桿照到5次超速，總計收到8,000元的罰單，該陳姓女駕駛不滿，於是依法向新竹地方法院提出聲明異議，她說：「測速照相桿前的警告標誌被路樹所遮蔽，使她無法辨識。」[24]

（二）分析探討

陳姓女駕駛於100年3、4月間的下午時段行經新竹市公道五路時，被該測速照相機照到5次超速，時速多為60多公里，超過法律規定限速的50公里。因此，陳姓女駕駛不但收到5張1,600元的罰單，同時，依規定還被記違規點數。

陳姓女駕駛坦承自己有超速的行為，但她認為「警告標誌」係被前方路樹的茂密枝葉遮到，讓她無法看清「前有測速照相，請減速慢行」的內容，才會一再超速，於是，100年6月她自行到該路段拍照後，並向新竹地方法院提出聲明異議。

---

[24] 2012/03/01/聯合報。

　　法官審理該案時指出：依據道路交通管理處罰條例第7條之2第1項已明訂逕行舉發之要件須符合法律所規範之七種情形，其中第7款：「汽車駕駛人之行為有下列情形之一，當場不能或不宜攔截製單舉發者，得逕行舉發：『經以科學儀器取得證據資料證明其行為違規。』」經查同條第2項：「前項第7款之科學儀器應採固定式，並定期於網站公布其設置地點。但汽車駕駛人之行為屬下列情形之一者，不在此限：『九、行車速度超過規定之最高速限或低於規定之最低速限。』」因此，依據現行法律所規範，警方針對違規超速行駛者可以採取非固定式方式執行取締工作。

　　惟依「道路交通管理處罰條例」第7條之2第3項前段：「對於前項第九款之違規行為『行車速度超過規定之最高速限或低於規定之最低速限。』採用固定或非固定式科學儀器取得證據資料證明者，於一般道路應於一百公尺至三百公尺間，於高速公路、快速公路應於三百公尺至一千公尺間，明顯標示之。」

　　綜上所述，因此，本案爭點至少應於該測速照相儀器前方100公尺至300公尺處設立「明顯之警告標誌」，以促使駕駛人能提高警覺，遵守速限行駛，否則警察機關和監理站不得逕行舉發並裁罰。

　　法官進一步依據陳姓女駕駛所拍攝的現場照片和傳交通隊員警調查，認為該警告標誌雖設置在該測速照相儀器前200公尺處，符合規定，但路樹的茂密枝葉卻把標誌警示之內容遮去一半，駕駛如果行經到此處，實無法看清處該標誌之全部內容，並不符法律所規定的「應明顯標示之」，因此，未達到警示作用，而失去提醒駕駛人的作用，裁定陳姓女駕駛免罰。

　　新竹市警察局交通隊回應，確有民眾申訴標誌不清，為避免爭議，他們派員警實地勘查標誌位置，去年6月就將警告標誌牌往前移至路口。後又在水源街新設一面警告標誌，提醒駕駛不要超速。

　　由此案例可知，民眾違規超速固然有錯，但警察執行取締時，更要遵守正當程序，才能使民眾信服。

十、案例十：標誌被擋違規轉彎──罰單撤銷

（一）案由

　　任姓機車騎士準備自臺北市士林至誠路左轉仰德大道，卻因路樹遮擋住禁止左轉標誌，加上該名機車騎士又是跟在大型車之後違規左轉，遂被執勤警察開單舉發，任姓機車騎士不服裁罰，於是依法向地方法院提出聲明異議[25]。

（二）分析探討

　　住在板橋市的29歲任姓機車騎士，於96年12月間騎機車首次行經臺北市至誠路與仰德大道路口，因違反路口禁止左轉規定，遭到員警開出1張違規左轉的600元罰單，並記違規點數1點。不少民眾遭到警方告發違規，往往都是自己摸摸鼻子認錯繳錢，該名機車騎士接到這張紅單後表示不服，他認為：在至誠路、仰德大道現場雖設有2個禁止左轉標誌，但其中一個被樹葉遮蔽，加上該路段有公車經過，倘若緊鄰公車後方停等紅燈、跟隨車流前進，根本看不到這面禁止左轉標誌；至於另一個禁止左轉標誌，則因位置設置太遠而失去預先警示之功能，加上位置太過低矮，也極容易被行經於此處之車輛擋住視線。

　　該名機車騎士並指出，當時他被前方公車擋住視線，隨著車流往前行駛，且因他是第一次行經該路段，才會因為不諳路況而計畫由該路口左轉沿仰德大道上山，沒想到被員警攔下舉發。

　　板橋地方法院承審法官根據該名機車騎士在庭訊時所提出的現場照片來看，現場的禁止左轉標誌，確實有遭公車、樹葉遮掩之情；同時，開單員警當庭也證稱，如果機車騎士跟在公車後方騎乘，確實有可能看不到這面禁止左轉的標誌。承審法官進一步認為，這面禁止機車左轉的禁止標誌確實缺乏妥適設置與適當之維護，導致道路使用人未能清晰辨識，進而造成該名機車騎士在禁止左轉路口處左轉，因此員警舉發有過苛之嫌。

　　最終，承審法官審結後除撤銷這張罰單之外，並強調相關主管機關應再

---

[25] 2008/07/16/中國時報。

行檢討現場禁止左轉標誌之設置以及維護工作，以確實能保障道路交通安全與人民之權益。

　　整體交通標誌之設置仍有待改善，然時至今日作者經常在道路上仍可見到交通標誌未能受到完整的設置與維護而發揮其原本應有的安全功能，不論是警告、禁制或指示的功能都受到嚴重的傷害，茲以圖11-10至圖11-14分別圖示如後：

圖11-10　禁止右轉的標誌被路燈所遮蔽

圖11-11　禁止迴轉的標誌被路燈所遮蔽

圖11-12　易肇事路段警告標誌被路樹所遮蔽

圖11-13　速限警告標誌被路樹所遮蔽

圖11-14　紅線框中其實有2面標誌卻被路樹所遮蔽

參、結語

交通安全的維護需要靠各個機制共同配合才可能達成，包括最為民眾所詬病的道路品質，吾人經常見到媒體登載因坑洞而造成之車禍，小則骨折重則死亡、道路交通標誌的設置與維修、道路交通標線的畫設與維護、道路交通號誌時相與時制的設計，以及行人、自行車、機車與汽車的整體交通動線規劃、路燈的照明設備足夠等，以上所述僅止於交通工程領域部分；此外尚包括對於國人應有一套完整而深入淺出的交通法令與駕駛道德之教育體系，筆者認為我國長久以來僅形式上的交通宣導尚不足以培養大眾對於交通安全全方位的認知，尚待努力加強；綜合上論，可知絕非僅僅單靠警察機關的強力執法工作而已，此實為一般社會大眾偏誤的觀念，然時至今日我國的交通安全維護工作似乎仍大幅地仰賴警察同仁在道路上的取締工作，交通安全的責任也幾乎由警察機關一肩扛起，這都是一種嚴重的謬誤，茲將完整而全方位的道路交通安全觀念以圖11-15說明如後。

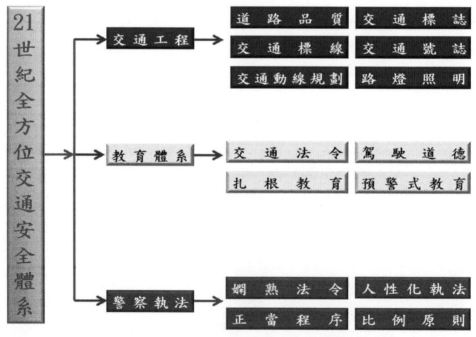

圖11-15　全方位的道路交通安全體系

資料來源：作者自行繪製。

　　警察機關負有維護道路交通安全之重責大任，雖毋庸置疑，惟警察同仁於執法的同時，應特別注意相關法治國家的重要法治國原則，如本文所論述之正當程序的意義與內涵，相信必能減少許多不當的執法爭議案件，並能獲得廣大民眾的認同與支持。

壹、緒論

因酒醉駕車而衍生的許多重大傷亡車禍，已嚴重傷害了許多的家庭，一句「酒後不開車、開車不喝酒」成了漫夜長路。面對社會大眾所關心的酒駕議題，政府不斷地透過修法從嚴處罰以嚴懲酒駕者同時抑制酒駕行為，並於88年將酒醉駕車行為犯罪化，以刑罰來制裁。為達到預期的效果，警察執法被賦予最大的期望與使命，而警政署亦不負大眾之期盼，除多次宣誓全國各警察單位應嚴正執法，警察執勤的辛勞與努力應給予最大的肯定。惟筆者藉由各項案例之探討，發現警察人員執行取締酒駕工作時往往忽略了正當程序原則，未能符合法治國原則，以致產生許多爭議案件。冀望藉由本文之探討，能提醒警察人員取締酒駕時應恪遵重要之正當程序，並能增加執法效益。

貳、交通執法案例探討

一、案例一：沒算到誤差值——酒測值0.26裁定不罰

（一）案由

高雄市林姓駕駛人於99年11月12日凌晨，騎乘機車在高雄市街道被警察攔檢，經執勤員警對其實施酒精濃度測試後，其吐氣酒精濃度為0.26mg/l，遂依道路交通管理處罰條例第35條第1項處罰，並經裁罰新臺幣15,000元，惟該林姓駕駛認為其酒測值應在標準值誤差範圍內，認為警方舉發違規

有誤，於是提起聲明異議要求撤銷。[1]

（二）分析探討

本案例發生當時的道路交通安全規則第114條第1項第2款規定不得駕車的標準爲：「飲用酒類或其他類似物後其吐氣所含酒精濃度超過每公升○‧二五毫克或血液中酒精濃度超過百分之○‧○五以上。[2]」

此案之承審法官去函經濟部標準檢驗局，進一步了解「呼氣酒精測試器及分析儀檢定檢查技術規範」有關檢定公差規定爲，若酒測結果大於0.250mg/l且小於2.000mg/l範圍者，公差爲正負5%。當事人林姓駕駛是0.26mg/l，故以酒測取締標準0.25mg/l乘以公差正負5%，算出誤差值爲正負0.0125mg/l，再將原酒測值0.26mg/l扣除誤差值後爲「0.2475mg/l」，其結果並未超過規定標準0.25mg/l，並參酌交通部函示及刑事訴訟法，罪疑唯輕或罪疑唯有利於被告原則，應採最有利於當事人之認定，故法院裁定不罰。

執勤的警察同仁應特別注意，警方所使用的呼氣酒精濃度測試器有公差規定，因此，檢驗數值會有法律容許的誤差值；易言之，當駕駛人酒精濃度值達0.28mg/l以上時，員警才依據道路交通管理處罰條例第35條第1項製單舉發。惟若駕駛人被開罰單的酒精濃度數值若屬0.27mg/l以下者，均可向法院提出行政訴訟，以確保自身權益；但根本之道仍是「酒後不開車」。

另依據102年6月最新修正公布道路交通安全規則第114條第1項第2款規定不得駕車的標準爲：「飲用酒類或其他類似物後其吐氣所含酒精濃度達每公升○‧一五毫克或血液中酒精濃度達百分之○‧○三以上。」因此，此一新的法令實施後，警察同仁面對受測的駕駛人，當其酒精濃度值達0.18mg/l以上時，即應依據道路交通管理處罰條例第35條第1項製單舉發。

另筆者要說明因配合司法院規劃將行政訴訟由現行二級二審改爲三級二審，於地方法院設立行政訴訟庭審理簡易訴訟程序及交通裁決等事件，立法院於100年11月1日及4日分別三讀通過行政訴訟法、行政訴訟法施行法、

---

[1] 2011/12/03/自由時報。依新制已改爲受處分人不服第8條或第37條第5項處罰之裁決者，應以原處分機關爲被告，逕向管轄之地方法院行政訴訟庭提起訴訟；其中撤銷訴訟之提起，應於裁決書送達後30日之不變期間內爲之。http://law.moj.gov.tw/，全國法規資料庫。

[2] http://law.moj.gov.tw/，全國法規資料庫。

行政法院組織法及道路交通管理處罰條例等多項法律修正案。並於中華民國100年11月23日總統華總一義字第0000257891號令修正公布上開新修正之法案，業已於101年9月6日施行[3]。故原本道路交通管理處罰條例第87條規定的「聲明異議」已走入歷史。

二、案例二：酒測值0.26毫克──酒駕司機保住駕照

（一）案由

　　新北市一名年約50歲的葉姓男子於100年8月20日上午，駕駛曳引車在新北市樹林區中正路發生交通事故，經報案後，前來現場處理的警方依規定對該駕駛實施酒測，其酒精濃度數據是0.26mg/l，由於根據當時道路交通安全規則第114條第1項第2款規定：駕車時酒精濃度不能超過0.25mg/l，遂依道路交通管理處罰條例第35條第1項處罰，故該葉姓駕駛被處以罰款並吊扣駕駛執照。[4]

（二）分析探討

　　新北市葉姓男子駕駛貨櫃曳引車發生肇事後，酒精濃度為每公升0.26毫克，被處新臺幣22,500元罰鍰及吊扣駕照1年；由於家計負擔很重的葉男擔心一旦被吊扣駕駛執照後無法養家，遂向新北市地院提出聲明異議。

　　一審的法官認為酒測值並無錯誤，裁定駁回；該葉姓駕駛不服，依據道路交通管理處罰條例第87條略以：受處分人，不服第8條主管機關所為之處罰，得於接到裁決書之翌日起20日內，向管轄地方法院聲明異議。不服前項裁定，受處分人或原處分機關得為抗告[5]。當事人遂依法提出抗告，高院審理後裁定發回更審，這次，法官特地發函警局，詢問酒精測試器的誤差範圍，警方回覆「誤差值應為每公升0.02毫克」等語，法官因而認定，葉男的呼氣酒精濃度有可能未超過法律規定，遂裁定不罰。當事人的女兒表示：

---

[3]　http://law.moj.gov.tw/，全國法規資料庫。

[4]　2013/01/25/自由時報。

[5]　依新制已改為受處分人不服第8條或第37條第5項處罰之裁決者，應以原處分機關為被告，逕向管轄之地方法院行政訴訟庭提起訴訟；其中撤銷訴訟之提起，應於裁決書送達後30日之不變期間內為之。http://law.moj.gov.tw/，全國法規資料庫。

「爸爸一開始就跟警察說當天根本沒有喝酒，是宿醉的關係，但仍被罰。爸爸擔心被吊扣駕照無法賺錢才打官司，現在總算還爸爸一個公道」。

　　不過筆者特別要提出本案裁定不罰之關鍵，並非是「宿醉的關係」，因為，即使是駕駛人宿醉，若當時其呼氣酒精濃度值達0.28mg/l以上時，執勤的警察同仁仍應依法開單舉發；惟前已敘明現行新制已改為0.18mg/l以上。本文業於前例說明「呼氣酒精測試器及分析儀檢定檢查技術規範」有關檢定公差規定，另參照違反道路交通管理事件統一裁罰基準及處理細則第12條第12款：「駕駛汽車經測試檢定，其吐氣所含酒精濃度超過規定之標準值未逾每公升0.02毫克。」免予舉發之規定。

三、案例三：酒測0.02誤差值──酒駕犁田肇事撤銷罰單

（一）案由

　　新北市三峽一名年約53歲的戴姓男子於99年8月4日凌晨一時許，酒後騎乘機車經過新北市三峽嘉添附近，由於重心不穩摔車受傷，趕至現場處理該交通事故之員警依規定對該駕駛實施酒測，結果測得他的酒精濃度為0.25mg/l，除依公共危險罪嫌將其送辦外，並依據道路交通管理處罰條例第35條第1項開出一張15,000元的罰單，當事人除須被處以罰款外並要吊扣駕駛執照；但戴姓駕駛人證明其當時並未危險駕駛，並提出酒精濃度測試器有0.02毫克的誤差值，於是提起聲明異議要求撤銷。[6]

（二）分析探討

　　倘若駕駛人酒後駕車發生肇事，處理的警察同仁應依據警政署規定辦理，當事人經檢測其吐氣所含酒精濃度成分超過每公升0.25毫克（血液中酒精濃度0.05%），但未達每公升0.55毫克者（血液中酒精濃度0.11%），員警應查明車禍之發生與駕駛人酒後駕車有無相當因果關係，並檢具相關事證，依刑法第185條之3規定移送法辦。惟若駕駛人酒後駕車違規行為與肇事發生並無關係，例如酒後駕車停等紅燈時，卻遭後車追撞，倘其吐氣所含酒精濃度未達每公升0.55毫克者，因未負有明顯過失肇事責任，且無積極事

---

[6]　2010/11/11/中國時報。

證足以認定其「不能安全駕駛動力交通工具而駕駛」者，則並無刑法第185條之3規定之適用[7]。

經查本案當事人戴姓駕駛在偵查庭中辯稱，當晚他確有酒後騎車之舉，但事發當時，他是爲了閃避後方來車，才會在往道路左側偏行後，並且因天色昏暗、視線不佳等因素影響，加上路旁柏油路與非柏油路面之間有落差，才會不慎犁田，故其發生車禍原因並非係酒後精神不濟所致。

承辦檢察官認爲，戴姓駕駛於車禍發生當時雖測得有酒精反應，但不能僅據此就認定當時戴姓男子已達不能安全駕駛程度，因此，偵結後將戴姓男子處分不起訴。

另外面對酒駕的罰單，戴姓男子事後也向板橋地院提出聲明異議，他聲稱：交通事故發生當時其酒測值雖達0.25毫克，但酒測機器都有誤差，實際酒測值有可能因機器誤判而失準。承審法官調閱經濟部標準檢驗局「呼氣酒精測試器及分析儀檢定檢查技術規範」，發現警用呼氣酒精測試器確實有0.02毫克誤差值，即使經過換算後戴某也尚未逾越誤差標準，因此，撤銷這張15,000元的罰單。

警察同仁應了解：駕駛人飲酒後是否已達不能安全駕駛程度，不能僅以有無發生交通事故爲判斷之依據，前已敘明若其吐氣所含酒精濃度成分超過每公升0.25毫克，但未達每公升0.55毫克者，應查明車禍之發生與駕駛人酒醉駕車有無相當因果關係，並檢具相關事證，依刑法第185條之3規定移送法辦。又本案當事人戴姓駕駛經實施酒測結果其酒精濃度爲0.25mg/l，並未超過規定值，以不移送爲原則；除非有明顯之酒醉事證，不可僅以肇事爲判斷依據而須加強相關之證據證明。

處理的警察同仁應對駕駛人進行「酒後生理協調平衡檢測」，記錄相關情形如：「直線步行10公尺後令其迴轉走回原地」、「雙腳併攏，兩手貼緊大腿，將一腳向前抬高離地15公分，並停止不動30秒」、「雙腳併攏，雙手向前平伸，閉眼，輪流使用左右手的食指指尖觸摸鼻尖」、「閉雙眼，30秒內朗誦阿拉伯數目由1001、1002……至1030」、「用筆在兩個同心之

---

[7] 102年6月11日立院三讀修正通過刑法第185條之3略以：吐氣所含酒精濃度達每公升0.25毫克或血液中酒精濃度達0.05%以上，駕駛動力交通工具者，處2年以下有期徒刑，得併科20萬元以下罰金。

間0.5公分環狀帶內畫另一個圓」等，並填寫「刑法第185條之3案件測試觀察紀錄表」以強化證據力。

四、案例四：酒測程序瑕疵——酒駕免罰

（一）案由

　　新北市一名張姓駕駛人於99年4月18日下午，在板橋區一家檳榔攤喝完藥酒後騎乘機車離開，下午約4時45分在50公尺外的巷口遇到警方臨檢，執勤的員警聞到他滿身酒味，因此要求該駕駛人進行酒測。員警當時表示法律未規定酒測等候時間，也不讓該駕駛漱口，於4時55分要求該張姓駕駛進行酒測，結果測出酒精濃度數值達0.37mg/l，於是警方依據道路交通管理處罰條例第35條第1項開出罰單舉發。張姓駕駛人表示他酒後未超過15分鐘，認為警方舉發違規有誤，於是向法院提起聲明異議要求撤銷。[8]

（二）分析探討

　　依據本案發生時間，經查96年9月警政署制訂頒布「取締酒後駕車作業程序」之作業規定共分為四個階段。其中第三階段內容略以：「三、執行階段：（一）過濾、攔停車輛：過濾、攔停車輛應符合比例原則，有疑似酒後駕車者，始由指揮人員指揮其暫停、觀察，其餘車輛應指揮迅速通過。……（三）檢測酒精濃度。1.檢測前：(1)測試前應先告知並確認受測者已飲酒結束15分鐘以上或酌情提供礦泉水給受測者漱口，避免口腔殘留酒精。」前述飲酒結束時間，依受測者所告知之時間起算。若執勤的警察同仁未依警政署所頒布之標準作業流程及作業內容執行，極易泊生許多爭議案件。

　　另目前警政署於102年6月13日制訂頒布最新修正規定為：「(1)以呼氣酒精測試器檢測前，應先告知受測者檢測流程，並詢明飲酒結束時間。經詢明距飲酒結束時間已滿15分鐘者，立即檢測（如有請求漱口，給予漱口）；經詢不告知飲酒結束時間或距飲酒結束時間未滿15分鐘者，告知其可漱口後立即檢測或距飲酒結束時間滿15分鐘再進行檢測（如有請求漱口，給予漱口）。」前述飲酒結束時間，依受測者所告知之時間起算。

---

[8]　2011/11/23/聯合報。

　　審理本案之法官認為，執勤的員警沒有依據法定流程，就急於酒測，酒測值可能受口腔殘留的酒精影響；且酒測器日期也誤植為「日」，法官認為連串瑕疵，影響公正性，因此裁定撤銷處分。

五、案例五：警只說罰錢──拒酒測免吊照

（一）案由

　　年約45歲的羅姓聯結車司機於101年2月16日晚間，酒後騎乘機車行經新北市泰山區被執勤員警攔下，因該羅姓駕駛拒絕酒測，因此被開罰新臺幣6萬元並吊銷所有駕照，3年內不得考領。羅姓駕駛人向地方法院提出聲明異議陳述，當時急著回家照顧發高燒的兒子，詢問員警可否不要酒測？員警告訴他拒測是民眾權利，就填寫拒測單並說拒測罰6萬元較輕，他因此未接受酒測；不料他的機車、聯結車等駕駛執照全被吊銷。[9]

（二）分析探討

　　承審法官勘驗本案執勤員警所蒐證的光碟，發現員警只對羅姓駕駛說：「警方沒有強制力要求你一定要測，拒測是你的權利」，未提及依規定須吊銷所有駕駛執照，取締不符法律程序及憲法要求。

　　大法官會議釋字第699號解釋爭點為「汽車駕駛人拒絕酒測者，吊銷其駕照、禁其3年內考領駕照，並吊銷所持各級車類駕照之規定，違憲？」[10]面對拒絕接受酒精濃度測試之駕駛人，相關處罰之法令包括：「道路交通管理處罰條例第35條第4項前段」、「同條例第67條第2項前段」以及「同條例第68條」。

　　該解釋文最後指出：「上開規定與憲法第23條比例原則尚無牴觸，而與憲法保障人民行動自由及工作權之意旨無違。」惟該號解釋文理由書中亦指出略以：「警察對於已發生危害或依客觀合理判斷易生危害之交通工具，得予以攔停，要求駕駛人接受酒精濃度測試之檢定……，是駕駛人有依法配合酒測之義務……受檢人如拒絕接受酒測，警察應先行勸導並告知拒絕之法

---

[9]　2012/10/25/聯合報。
[10]　http://www.judicial.gov.tw/，大法官會議第699號解釋。

律效果,如受檢人仍拒絕接受酒測,始得加以處罰。」[11]

是以板橋地院法官進一步指出,大法官會議解釋提及,警察應告知受檢人「拒絕酒測的法律效果」,若受檢人仍拒測才得以處罰;此案因員警沒有完全告知羅姓駕駛人拒測的法律效果;「員警講到哪裡,處罰到哪裡」,因此仍裁罰羅姓駕駛新臺幣6萬元,但不必吊銷駕照。

六、案例六:警漏告知——男拒酒測免吊照

(一)案由

客運司機林姓駕駛人於101年12月9日凌晨近4時許,酒後駕駛轎車行經新北市三重區龍門路、環河北路口時遇警方攔檢,因自己是客運司機,深怕酒測後會影響工作,員警又僅告知拒測要扣車並罰6萬元,於是該駕駛人才拒絕酒測,未料林姓駕駛到臺北區監理所繳罰款時,接到裁決書發現除要被罰鍰6萬元外,尚要吊銷駕駛執照,且3年內不得重新考照。[12]

(二)分析探討

林姓男子平時是客運駕駛,於101年12月9日凌晨酒後開著小客車經過新北市龍門路一帶,遇上警察攔查,林姓駕駛違規拒絕酒測,新北市政府交通事件裁決處依道路交通管理處罰條例處罰新臺幣6萬元,並吊銷林男駕照,3年內不得考照。林姓駕駛表示,警方當初沒告知拒絕酒測會被吊銷駕駛執照、3年內不能考照。而該處分影響到全家生計,他犯後深感悔意,因此提起行政訴訟,要求撤銷原處分。

新北市交通裁決處反駁指出:警方當時認為林姓駕駛人是大客車司機,應知拒絕酒測要吊銷駕駛執照,才沒當場告知,且他還當場打電話問警員朋友意見,最後決定拒測,顯示當事人並非因員警未告知會吊銷駕駛執照才拒測,質疑其推諉卸責。

臺北地方法院行政法庭審理認為,依司法院大法官釋字第699號解釋,人民有依法配合酒測的義務,但警方應依正當程序,告知當事人拒絕酒測的

---

[11] http://www.judicial.gov.tw/,大法官會議解釋。

[12] 2013/04/13/蘋果日報。

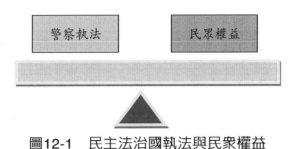

圖12-1　民主法治國執法與民眾權益

後果，假如當事人仍拒絕酒測才能予以處罰。是以法官認定，執勤的員警舉發程序上有瑕疵，判決撤銷吊照及3年內不得考照的處分。

透過本案例吾人可知，民眾違規酒醉駕車固然有錯在先，惟警察執行取締違規時，更要遵守正當程序如圖12-1所示，筆者業於案例五中敘明大法官釋字第699號解釋文之要旨精神，才能符合民主法治國家的要求。

七、案例七：拒酒測吊照——未告知不算

（一）案由

新北市一名郭姓駕駛人因兒子未回家，遂於101年12月19日18時16分許，騎著輕型機車至當地派出所備案，卻被當時執勤的員警查出他涉嫌酒駕，惟該郭姓駕駛拒絕酒測，於是員警依據道路交通管理處罰條例第35條第4項開出新臺幣6萬元罰單，並吊銷駕駛執照，3年內不得考領駕照，郭姓駕駛不服於是依法向地方法院提出行政訴訟。[13]

（二）分析探討

承審法官於判決書中指出，法官依據警方所提供的監視器畫面認定，101年12月19日18時16分許，郭姓駕駛人騎著輕型機車至派出所，並拒絕酒測；但警員蒐證畫面、整整28多分鐘中，均未告知郭姓男子拒絕酒測可能面臨的法律處罰，再加上過程有瑕疵，判決原處分吊銷駕駛執照及3年內不得考領駕照部分撤銷，至於6萬元罰單仍然照罰。

---

[13] 2013/04/26/自由時報。

　　治安與交通工作一直警察機關的兩大任務，保障人民生命與財產安全更警察同仁執勤的最大責任；惟在執法的過程中仍須注意「正當程序」，以期避免不必要爭議。

參、結語

　　酒醉駕車的相關相處罰法令與規定，雖然於102年有重大之變革，如道路交通安全規則第114條略以：「飲用酒類或其他類似物後其吐氣所含酒精濃度達每公升○‧一五毫克，不得駕車。」係於102年6月11日交通部交路字第10250079561號、內政部台內警字第1020872094號令修正發布，並自102年6月13日施行。另刑法第185條之3略以：「吐氣所含酒精濃度達每公升零點二五毫克或血液中酒精濃度達百分之零點零五以上。處二年以下有期徒刑，得併科二十萬元以下罰金。」則於102年6月11日華總一義字第10200111611號公布之。然而不變的是，執勤的警察同仁仍應恪遵相關的正當程序如圖12-2所示，以符合法治國應有的精神與內涵。

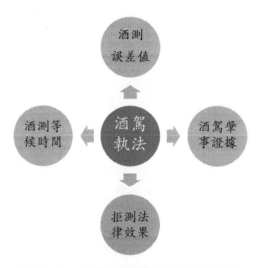

圖12-2　酒駕執法應遵守正當程序

　　警察機關負有維護道路交通安全之重責大任，毋庸置疑。有鑑於酒後駕車為道路交通事故主要肇事原因之一，立法院從嚴修法、全體警察嚴正執法等均是遏止酒駕的積極作為，應予以肯定與鼓勵。

　　惟透過以上筆者所列舉出之各項實務案例，進行深入分析與探討後，讀者更可充分了解，警察同仁執行法令實非易事，尚有許多應注意之重要事項，警察同仁於執法的同時，應特別注意相關法治國家的重要法治國原則，如正當程序的意義與內涵，相信必能減少許多不必要的執法爭議案件，並能兼顧保障民眾行的安全與權益。

壹、緒論

2011年1月31日清晨，一名年約40歲的林姓男子，疑似酒後上路，開著價值750萬的保時捷，車速過快，於行經臺北市松德路時，迎面撞上一名女性機車騎士，拖行了一百多公尺，再繼續逃逸，當下車查看時，女騎士已經沒了呼吸心跳，當場死亡。被害死者是一名48歲的王姓護士，當時正要下班回家，卻遇上這起死亡車禍，警方最後將肇事駕駛，以及3名乘客全部扭送警局，並釐清案情。

2011年12月9日清晨，23歲張姓駕駛喝得爛醉開車上路，先追撞前方機車，拖行蕭姓騎士達兩百餘公尺後又加速逃逸，接著失控衝向對向車道，再迎頭撞上陳姓女護士，導致女護士當場慘死；鑄下大錯的張男被逮獲時，還一度否認連撞兩人，遭死者家屬追打。張姓男子酒測值高達0.64毫克。

2011年12月12日清晨，被害人成功大學陳姓學生為了成大熱音社年度校內公演登場活動，於公演前夕，與社團成員開會到凌晨後方返回宿舍，途中被酒駕顏姓駕駛當場撞死，駕駛人逃逸。已請假要看兒子表演的陳父，面對冰冷屍體，不敢相信兒子就這樣走了。顏姓駕駛肇事者的酒測值為0.22毫克，換算七小時前肇事時的酒精濃度是0.97毫克。

2012年4月25日清晨，葉姓男子酒後駕駛賓士車，在高雄市中華三路、光復一街口撞死晨運的證券公司李副理，同車友人陳姓男子也傷重不治；4月28日，被害人李副理的丈夫許先生也疑因太過悲傷勞累而猝死在家中，夫妻倆留下年僅8歲的獨生女，一個原本幸福美滿的小康家庭因此破碎，肇事者的行為引起媒體與社會大眾強烈的抨擊。

2012年9月16日晚間，宜蘭縣冬山鄉省道臺9線附近，當時有2名男大學生的機車正在等紅燈，肇事的林姓男子從後方高速追撞，首當其衝的兩名男

大生被撞飛百公尺遠，倒臥血泊中，送醫不治，機車也支離破碎。林姓駕駛人酒測值高達0.53毫克。

　　道路交通事故發生之原因甚多，有交通工程所致、有天候影響、也有人為因素而導致肇事產生，其中因酒醉駕車行為所引發者往往均是重大的A1交通事故[1]，十餘年來排序，始終高居前一、二名。

　　面對無止盡的重大酒醉駕車肇事案件，甚至我國元首馬總統都親上火線高分貝喊話務必要「嚴懲重罰」，包括使用羈押等強制手段，以期駕駛人不敢再酒駕。

　　酒駕行為所衍生眾多之交通肇事案件，我國一直沿襲古典犯罪學派的思維，採取正式控制的手段因應，包括多次修正道路交通管理處罰條例，內容包含：罰鍰從新臺幣2,700元提高到6萬元、乃至最高9萬元，以及加倍吊扣駕駛執照、吊銷駕駛執照等等；並自1999年4月起實施酒醉駕車刑罰化，後續又修訂罰金從3萬元提高到15萬元甚至20萬元，刑度也不斷提高。

　　我國實施酒醉駕車刑罰化已歷18年，警方取締酒醉駕車，自2003年來每年執法平均件數超過11萬件以上，酒醉駕車的情形似乎未減少。多年來政府修訂法令的方向均從嚴從重，以達遏止酒醉駕車行為，然因著酒駕肇事導致死亡與受傷的人數平均每年約12,000件，傷亡情形似乎也未減少。如今酒醉駕車已不僅是一般的交通違規行為，其產生之傷亡效應，同樣是一項令人畏懼的社會安全課題。

貳、酒駕肇事分析

　　酒醉駕車肇事件數自2002年的5,259件，至2007年的9,888件，躍1.9倍之成長幅度；死亡人數亦自2002年的443人一路攀升至2006年的727人、2007年的576人，1.6倍之漲幅；同樣地，受傷人數亦自2002年的6,663人一路攀升至2004年的9,738人，至2007年更破萬，計有12,199人，是2002年2倍幅度，2010年則達13,000人以上，2011年高達14,281人，2012年為12,193

---

[1]　A1：造成人員當場或24小時內死亡之交通事故。

人，2013年為9,798人，2014年降為9,135人[2]。

　　我國刑法第185條之3係於1999年實施，分析實施前後酒駕肇事之差異：A1交通事故案件中，肇因為酒醉駕車者，1995～1998年，平均每年約發生306件，造成343人死亡；1999年刑法第185條之3實施，發生261件，造成266人死亡；1995～2016年，平均每年約發生366件，造成376人死亡；2000～2016年，平均每年約發生456件，造成483人死亡[3]。

　　由以上數據分析，吾人可以了解到：不論是刑法第185條之3實施前，或前後至今累計22年間之酒醉駕車死亡車禍平均件數與平均死亡人數，均遠遠低於刑法第185條之3實施後之酒醉駕車死亡車禍平均數值，詳見圖13-1。

　　1999年酒醉駕車行為納入刑法公共危險罪章規範實施後，因酒醉駕車肇事造成之傷亡情形，卻似有更加嚴重的趨勢。

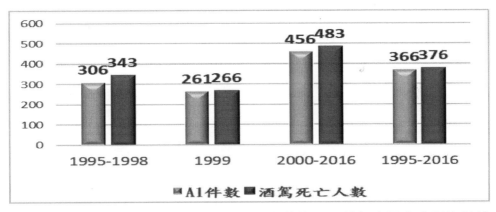

圖13-1　我國1999年刑法第185條之3實施前後：酒醉駕車死亡車禍比較統計圖

2　https://www.npa.gov.tw警政署警政統計。
3　張文菘（2009），酒駕犯罪之探討，2009年第四屆海峽兩岸暨香港、澳門警學研討會論文集。Wen Song Chang (2009), Get Tough on Drunken Driving Offense in Taiwan, Asian Association of Police Studies. https://www.npa.gov.tw警政署警政統計。

參、防制酒駕執法現況分析

民國80年初期，酒醉駕車肇事的案件逐年增加中，新聞媒體不時報導重大的酒駕事故，令社會大眾關心起原本僅是單純交通違規的酒駕行為，而80年代中期是重要的關鍵時刻，因為接二連三多起的重大酒駕事故，引發民眾對該行為的嚴重譴責，政府終於在1997年間第一次修法加重酒駕行為的處罰規定。不過，卻似乎未見嚇阻的效果，當時為了要嚴懲酒駕者並抑制酒駕，社會輿論甚至還沸沸揚揚的討論要以「刑罰」來制裁。

面對國內酒駕發生的嚴重肇事問題，政府一直透過修法加重處罰的效果，並配合警政實務單位的強力取締，以求能遏止嚴重的酒駕行為。包括：加重「道路交通管理處罰條例」的罰責、1999年增訂「刑法第185條之3」，則是首度以「犯罪化」的手段來處理酒醉駕車行為，並多次加重刑法的處罰，以及近年更積極修訂「道路交通安全規則」降低三類駕駛人的酒測值，包括：「未領有駕駛執照、初次領有駕駛執照未滿二年之駕駛人或職業駕駛人」駕駛車輛時，飲用酒類或其他類似物後其吐氣所含酒精濃度超過每公升0.15毫克。惟重大事故仍頻，2013年再度啟動修法機制，修正道路交通管理處罰條例、刑法以及道路交通安全規則。

為了能清楚了解我國打擊酒醉駕車之作為，筆者以圖13-2顯示我國歷年來增修訂處罰酒駕之歷程，並整理分析法律內容重點臚列於後[4]：

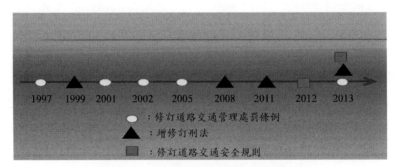

圖13-2　我國防制酒駕法制歷程

---

[4]　張文菘（2009），酒駕犯罪之探討，2009年第四屆海峽兩岸暨香港、澳門警學研討會論文集。http://law.moj.gov.tw/全國法規資料庫。

一、1997年：道路交通管理處罰條例

（一）酒醉駕車罰鍰提升到新臺幣6,000～12,000元。

（二）增訂無肇事酒醉駕車行為，應吊扣駕駛執照6個月之新規定。

（三）增訂酒駕肇事致人受傷者，應吊扣駕駛執照1年之新規定。

（四）加重酒駕因而肇事致人重傷或死亡，應終身吊銷駕駛執照之規定。

二、1999年：刑法

（一）立法院首度增訂刑法第185條之3將較嚴重的酒醉駕車行為予以犯罪化。

（二）嚴重的酒醉駕車行為包括：酒精濃度值達0.55mg/l以上，以及超過0.25mg/l卻未達0.55mg/l，但因而導致肇事發生。

三、2001年：道路交通管理處罰條例

（一）罰鍰提升到新臺幣15,000～60,000元。同時，改為隨酒精濃度增加而加重罰鍰之金額。

（二）無肇事酒駕行為，加重吊扣駕駛執照1年之處罰。

（三）酒駕肇事致人受傷者，加倍吊扣駕駛執照2年之處罰。

（四）增訂汽車駕駛人拒絕酒精濃度測試，逕行處以新臺幣60,000元之最高罰鍰，並吊銷其駕駛執照之處罰規定。如肇事致人重傷或死亡者，則終身吊銷其駕駛執照，並不得再考領。

四、2002年：道路交通管理處罰條例

從嚴增訂車輛強制移置規定，依法應一律當場移置保管其車輛。

五、2005年：道路交通管理處罰條例

（一）加重營業大客車酒駕之處罰，汽車駕駛人駕駛營業大客車有酒駕行為而應受吊扣情形者，從重處以吊銷駕駛執照4年。

（二）酒駕汽車駕駛人，經裁判確定處以罰金低於本條例第92條第3項所訂

最低罰鍰基準規定者，應依本條例裁決繳納不足最低罰鍰之部分。

六、2008年：刑法

修訂加重刑法第185條之3之處罰規定，法官除了可判有期徒刑、拘役或科15萬元以下罰金之外。新修訂之刑法第185條之3並增加：「或併科15萬元以下罰金」。

七、2011年：刑法

修訂加重刑法第185條之3之處罰規定：1.酒後不能安全駕駛者，提升到2年以下有期徒刑。罰金則從15萬元以下罰金，提升到20萬元以下罰金。2.新增部分：因而致人於死者，處1年以上7年以下有期徒刑；致重傷者，處6月以上5年以下有期徒刑。

八、2012年：道路交通安全規則

修訂第114條第1項第3款之規定：自中華民國102年1月1日起，未領有駕駛執照、初次領有駕駛執照未滿2年之駕駛人或職業駕駛人駕駛車輛時，飲用酒類或其他類似物後其吐氣所含酒精濃度超過每公升0.15毫克或血液中酒精濃度超過0.03%，不得駕車。

九、2013年：道路交通管理處罰條例

（一）罰鍰提升到新臺幣15,000～90,000元。
（二）增訂汽車駕駛人於5年內違反第1項規定2次以上者，處新臺幣9萬元罰鍰，並當場移置保管該汽車及吊銷其駕駛執照；如肇事致人重傷或死亡者，吊銷其駕駛執照，並不得再考領。
（三）增訂汽車駕駛人，駕駛汽車行經警察機關設有告示執行第1項測試檢定之處所，不依指示停車接受稽查，或拒絕接受第1項測試之檢定者，處新臺幣9萬元罰鍰，並當場移置保管該汽車、吊銷該駕駛執照及施以道路交通安全講習；如肇事致人重傷或死亡者，吊銷該駕駛執照，並不得再考領。

十、2013年：刑法

修訂加重刑法第185條之3之處罰規定：1.駕駛動力交通工具吐氣所含酒精濃度達每公升0.25毫克或血液中酒精濃度達0.05%以上，處2年以下有期徒刑，得併科20萬元以下罰金。2.因而致人於死者，處3年以上10年以下有期徒刑；致重傷者，處1年以上7年以下有期徒刑。

十一、2013年：道路交通安全規則

修訂第114條第1項第2款之規定：飲用酒類或其他類似物後其吐氣所含酒精濃度達每公升0.15毫克或血液中酒精濃度達0.03%，不得駕車。

縱觀以上我國防制酒醉駕車之主要策略仍以嚴懲重罰爲主軸，然十多年來，因酒醉駕車所導致之重大肇事案件層出不窮，平均一年即奪走500人之寶貴生命，萬人輕重傷，逐漸引起社會大眾之重視與討論，政府更以積極的立法作爲，修制訂道路交通管理處罰條例、刑法第185條之3，以處罰與遏止酒醉駕車之行爲。

18世紀古典犯罪學派的代表人物Beccaria認爲，人並不會自動自發的守法，也不會爲了大眾的利益而犧牲一部分自由，易言之，此學派的基本論點認爲：人是有自由意志的（Free Will）、會理性思考的（Rational Deliberation）、享樂或自我利益（Self-Interested）導向的動物。所以，人們對於懲罰的恐懼，才是遵守法律的根本動機[5]。而吾人應了解刑罰乃是國家主權行使中，最嚴厲的手段，應極爲愼重，故進一步，應明瞭刑事刑罰的意義與目的係基於「報應」與「預防」思想之上，包括：1.罪責的均衡；2.法秩序的維護；3.威嚇犯罪人與社會大眾；4.防衛社會不爲犯罪所害；5.犯罪人之再社會化。前者除用刑罰的痛苦均衡犯罪之惡害外，並建立社會的價值標準，形成法意識，屬於被動消極的；後者則具有積極、未來與治本性的，希望藉由刑罰來達成預防犯罪的目的[6]。

警政署爲了展現公權力，將「取締酒醉駕車勤務」列爲重點指示工

---

[5] 許春金（2010），犯罪學，三民書局。Paternoster & Bachman (2001), Classical School: An Essay on Crime and Punishment.

[6] 林山田（2005），刑罰學，臺灣商務公司。許福生（2008），刑事政策學，三民書局。

作，要求各單位，不僅是各交通隊，尚包括全國各分局派出所，都必須執行酒醉駕車專案之勤務編排，並祭出重獎重懲、定期檢討改進，以2003-2016年警方取締酒醉駕車之件數為例，平均每年件數遠超過十萬件以上，達110,495件[7]；不僅如此，另警方取締酒醉駕車移送法辦之件數，2003年為24,312件，2008年時已達49,809件，則超過2倍的成長，2009年時突破5萬件數52,167件，2013年時更突破6萬件數60,484件，2014年時為最高峰達67,772件，2015年為65,480件，2016年為62,959件[8]，亦可得到實證，詳如圖13-3。

　　分析「酒後不能安全駕駛起訴之人數」，2002年為29,685人，2010年時已達41,207人，亦為1.4倍成長，2013年突破5萬人52,852人，2014年更達最高峰66,454人，2015年為64,131人，2016年為59,763人[9]，如圖13-4。

　　尤其值得注意的是，在2005年2月5日行政罰法一事不二罰的原則公布實施之前，酒醉駕車駕駛人若超過0.55mg/l時，是要同時接受「道路交通管理處罰條例第35條」與「刑法第185條之3」兩種法律的處罰，實不能謂不嚴峻，但2000年到2005年，A1+A2類酒醉駕車死亡、受傷人數、車禍件數，卻是有增無減：死亡人數從2000年的356人、435人、443人、459人、

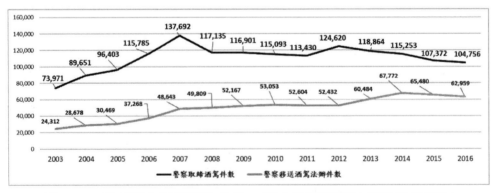

圖13-3　我國警方取締酒駕件數、警方移送酒駕法辦件數趨勢圖

[7]　張文菘（2009），酒駕犯罪之探討，2009年第四屆海峽兩岸暨香港、澳門警學研討會論文集。Wen Song Chang (2009), Get Tough on Drunken Driving Offense in Taiwan, Asian Association of Police Studies.
[8]　https://www.npa.gov.tw，警政署警政統計。
[9]　法務部（2016），犯罪狀況及其分析，法務部，http://www.moj.gov.tw。

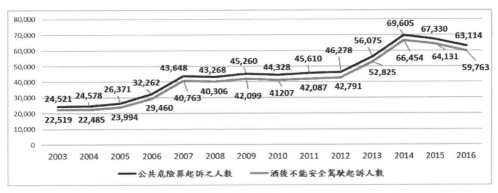

圖13-4　我國公共危險罪起訴人數、酒醉駕車起訴人數趨勢圖

454人到2005年的547人，1.5倍的成長。受傷人數自2000年的5,824人、6,252人、6,663人、8,559人、9,738人到2005年的10,800人，2倍的成長。酒駕車禍死亡與受傷件數則從2000年的4,322件、4,841件、5,259件、6,613件、7,455件到2005年的8,458件，2倍的成長[10]。因此，我國立法的初衷以刑罰的威嚇主義來防制酒醉駕車的功能，令人困惑質疑，而是否酒醉駕車仍受到其他重要的因素影響，有待後續之研究探討。

肆、酒駕與酒精鎖裝置

利用監控因素來防制酒駕行為的發生，另有學者Weinrath（1997）指出[11]：酒精鎖裝置（the ignition interlock devices）已被視為一種能有減少酒駕再犯的高科技產物。然而，卻難以精確地評估其效能，主要原因之一在於酒精鎖裝置（the ignition interlock）常會與其他方案搭配（例如：吊扣駕照），所以很難釐清其效果。因此，學者Weinrath特別以隨機抽樣方式選出兩組酒駕犯人，一組係使用酒精鎖裝置（the ignition interlock）之專案組，另一比較組則不使用該項酒精鎖裝置，研究開始於1984年，直到1994年結束。該項研究以分層隨機抽樣（stratified random sample）選取樣本，

---

[10] Wen Song Chang (2009), Get Tough on Drunken Driving Offense in Taiwan, Asian Association of Police Studies.

[11] Michael Weinrath (1997), The Ignition Interlock Program for Drunk Drivers: A Multivariate Test, Crime & Delinquency 43: 42-59.

使用酒精鎖裝置組共168人，未使用組共826人；87%為男性、75%在被逮捕時有工作、43%已婚；17%為原住民、70%有酒癮；在前科紀錄方面，樣本平均而言有2.8次酒駕紀錄（prior drunk-driving convictions）、2.6次犯罪前科（criminal convictions）、1.9次撞車（collisions）、0.93次駕照吊扣紀錄（demerit suspension）、造事逃逸（prior hit and run）與撞車導致傷害（injury collision）之次數均低於1次。研究者透過兩組對照比較之設計，以Logistic迴歸分析、成功率分析，發現：使用酒精鎖裝置之專案參與者，有較低的再犯率，其在統計分析中有較高的成功率，因此，酒精鎖裝置能保護公眾安全並改變犯罪者的行為。該研究之優點是改善了過去有關酒精鎖裝置（the ignition interlock devices）之研究，均未考慮多重方案並行，而無法釐清酒精鎖裝置真正的效果，因此，其中一組為使用酒精鎖裝置之專案組，另一比較組則未使用酒精鎖裝置且其駕照被扣押，學者藉此可以比較，兩個組別對於酒駕再犯（recidivism）之影響。

學者Weinrath進行成功率分析，經比較酒精鎖裝置專案組與比較組之成功率得知：6個月後，酒精鎖裝置專案組不犯酒駕違規之機率為99%，比較組不犯酒駕違規之機率為95%。到了24個月後，酒精鎖裝置專案組不犯酒駕違規之機率為91%，比較組不犯酒駕違規之機率降為為81%。經Wilcoxon檢定可知，兩組在成功率上是有顯著之差異，酒精鎖裝置專案組之成功率顯著高於比較組（Wilcoxon statistic = 11.52, p < 0.001）[12]。

伍、酒駕與電子監控方案

學者Cohen, L & Felson, M所提出的日常活動理論，強調當三個要素一旦組合在一起時，將有利於犯罪加害者從事犯罪的機會。因此，學者Lilly、Ball、Curry與McMullen（1993）等人特別以電子監控方案來（electronic monitoring, EM）作為監控酒駕緩刑者之成效評估[13]。

---

[12] Michael Weinrath (1997), The Ignition Interlock Program for Drunk Drivers: A Multivariate Test, Crime & Delinquency 43: 42-59.

[13] Lilly, Ball, Curry & McMullen (1993), Electronic Monitoring of the Drunk Driver: A Seven-Year Study of the Home Confinement Alternative, Crime & Delinquency 39: 462-484.

該項研究共分為三個階段，在三個階段中均以裝備EM30天之人數所占比例最高（Time1時：占44.8%、Time2時：占34.6%、Time3時：占38.8%）。其次為90天者（Time1時：占19.7%、Time2時：占23.8%、Time3時：占21.6%）。平均每人裝備天數方面，在Time1階段平均每人裝備67.1天，Time2階段平均每人裝備72.3天，階段平均每人裝備72.3天。Time1的平均天數較少，主要是因為Time1階段的評估期間較短所造成。在7年期間，使用EM之成本比監禁拘留（jail）之成本少1,700,000美元，且EM之部分費用是由受刑人自行支付的（Lilly, Ball, Curry & McMullen, 1993）[14]。該項研究在使用EM之犯人結構方面，三個階段絕大多數是酒駕犯者（DWI），其次是無照駕駛（DUS），在三個評估階段中，Time2與Time3之酒駕犯者比例均顯著低於Time1。雖然在無照駕駛（DUS）之百分比方面，Time2與Time3之比例似乎高於Time1，但並未達到顯著。除了酒駕與無照駕駛之外，尚有其他犯罪者參與評估，顯示出EM之適用對象非常廣泛[15]。

三個評估階段期間，所有緩刑犯人（probationer）之比例，在Time1階段，有29.9%，2%全程裝備EM（During EM）；27.7%未裝備EM（Post-EM）。在Time2階段，緩刑有43.3%，9.5%全程裝備EM（During EM）；33.8%未裝備EM（Post-EM）。在Time3階段，緩刑有42.6%，8.7%全程裝備EM（During EM）；33.9%未裝備EM（Post-EM）。結果顯示：在Time1，全程裝備EM期間，緩刑者又犯案（new offnese）的比率為0%，未裝備EM者又犯案（new offnese）的比率為11.3%；在Time2，全程裝備EM期間，緩刑者又犯案（new offnese）的比率為0.7%；未裝備EM者又犯案（new offnese）的比率為17.4%；在Time3，全程裝備EM期間，緩刑者又犯案（new offnese）的比率為0.5%；未裝備EM者又犯案（new offnese）的比率為17.2%。由上述學者研究結果發現：EM確實有監控嚇阻酒駕緩刑者再犯之功效[16]。

此評估專案共執行7年。分析資料顯示：EM在實施上，幾乎少有裝備上的問題，也鮮少有受刑人會抱怨，並且符合成本效益。在評估期間，絕大

---

[14] 同前註。
[15] 同前註。
[16] 同前註。

多數個案都未再犯案，可說相當成功，該資料未經過任何修飾，而且也控制了性別、年齡、種族、社經地位等因素所造成之抽樣偏誤。

陸、結語

近年來，交通部、立法院為了能抑制酒醉駕車行為之成長，不斷的修法（道路交通管理處罰條例第35條）以提高法律處罰的嚴厲性，前後達5次之多：包括在罰鍰金額方面之提高、也對於駕駛執照之吊扣時間加倍處分、嚴重者甚至須終身吊銷駕駛執照。同時，為了表達政府對於酒駕行為議題之嚴重關切，除了加重酒醉駕車行政罰的處罰效果外，我國更進一步於1999年，透過立法院新增「刑法第185條之3」，將酒醉駕車行為刑罰化，復於2008、2011以及2013年三度加重「刑法第185條之3」之處罰效果，回顧過去我國防制酒醉駕車之作為，主要係仰賴正式控制的手段[17]，最終目的是藉由法律嚴厲性以抑制酒醉駕車行為。

經過本文對於酒醉駕車肇事現況與防制對策進行比較分析後，筆者發現：當前因酒醉駕車行為引發之交通事故案件、死亡與受傷人數，近年來並未明顯下降。對於一直影響重大刑事政策之古典犯罪學派思維——威嚇主義，確實是一項值得我們共同持續關注的公共議題。

筆者建議後續防制策略應可考量多元化的方式，諸如強化監控機制：餐飲業者能主動為客人提供代理駕駛服務；餐飲業者能主動為客人提供酒精測試服務；加強家人的監控力，請民眾多關心家人聚餐時的交通問題，如溫馨叮嚀勿開車前往改搭計程車或大眾運輸工具，均可減少酒駕違規的情形。筆者於文中分析相關文獻指出：國外的電子監控方案在評估防制酒駕實施上，亦可作為我國執法策略之重要參考。另外如情境預防措施：豎立警告標語，於餐飲業店等公共場所張貼酒醉駕車高風險之警語；或如協助駕駛人守法：於餐飲業及娛樂場所等公共處所張貼「本店可為來賓提供代客叫車服務、切勿酒醉駕車」；加強監控，於重要路段增加警察酒駕執法的能見度等。再

---

[17] Paternoster & Bachman (2001), Explaining crime over the life course. 黃富源、范國勇、張平吾（2007），犯罪學概論，三民書局。

者，本文亦探討酒精鎖裝置對於防制酒醉駕車之成效，透過學者之實驗設計研究，發現使用酒精鎖裝置之專案參與者，的確有較低的再犯率，易言之，在統計分析中有較高的成功率，因此，酒精鎖裝置確能達到保護公眾安全之目的。

　　最後，筆者認為：雖然，我國傾立法與刑事司法體系之力量，卻可惜無法看見如美國以非官方的方式來防治酒醉駕車所能達到之成效，這也正是我們傳統單一執法情況下所欠缺不足與應學習借鏡他國之處。

壹、緒論

1996年11月13日凌晨，臺大農經系大四資優生（北一女跳級生）與好友文大畢生共乘機車，於臺北市和平東路師大前，被酒駕男子當場撞死。家屬哀痛逾恆，無法接受事實。

1996年10月17日凌晨，臺北市政府警察局南港分局，副分局長劉○倫、刑事組組長黃○勝，駕駛偵防車深夜督勤時，於臺北市忠孝東路六段、東新街口，被酒駕男子謝○貴攔腰撞上，當場殉職。經查酒駕者之酒測值高過0.7毫克，而且超速闖紅燈撞上，兩位警官之幼兒才約國小五、六年級。其眷屬高堂、夫人更是當場數度昏厥、無法言語。

1999年10月19日凌晨，北市保安警察大隊，四位員警於路邊執行勤務，遭酒駕女子蕭○妃衝撞，一死二傷。員警黃○德被拖行百公尺後傷重不治，郭○洲則被撞成重度殘障、大小便失禁，其父親老淚縱橫，不知如何面對未來之復健道路，但肇事者蕭○妃卻從未道歉。

2007年6月6日凌晨，一名宏恩醫院的護士林○娟，原本值大夜班，返家途中卻遭逢歌手林○培酒駕撞死之意外。而死者8歲的孩子也坐在急診室外不發一語，場面令人鼻酸。林○培酒測值高達1.1毫克。

2007年11月25日國立成功大學學生鍾○駒晚上遭酒駕的瓦斯行老闆涂○堃撞死，涂某以50萬元交保，成大學生會發動萬人連署，將連署書送交臺南地檢署與地院，表達成大人願為司法後盾，支持嚴懲酒駕肇事者。成大學生會長蘇○良表示，酒後駕車的涂○堃撞傷5人，造成兩死三傷，事後毫無悔意，卻還能交保，學生會發動萬人連署，是要求肇事者向所有被害者家屬道歉，並負責善後賠償，同時要求檢警保障人民權益。

2008年4月2日凌晨，35歲即擔任大學院校的總務長林○正，晚間與學

校同事聚餐，幾杯黃湯下肚後，已有點意識不清，但仍執意自行開車回家，不料在距離校門口約300公尺處，自後方高速衝撞2名騎自行車的進修部女學生陳○貞、吳○書，2女疑遭林某的休旅車擋風玻璃彈飛著地，致身體嚴重變形、傷重不治。家屬哀痛怒罵，無法接受子女死亡之事實。

　　酒駕肇事造成家破人亡，是永遠無法彌補的傷痛。我國每年因酒駕而導致數百個破碎家庭之悲劇，如何能一一加以陳述？以上所臚列之個案，更無法完全表達數十年來被害人與眷屬心中之痛，同時，從加害或被害人之角度觀之，酒駕造成之傷害與問題，包括犯罪學學家們所重視之犯罪問題、監獄擁擠、刑事政策、社會負擔、家庭結構功能問題、個體心理問題[1]，而非限於事故處理與處罰問題，因此之故，筆者並就酒駕對刑事司法所產生之衝擊議題予以探究。

貳、酒駕犯罪對刑事司法之衝擊

一、酒駕犯罪對監獄行政之衝擊

　　2000-2016年我國地方法院檢察署刑事偵查案件終結，經檢察官認定有犯罪事實而予起訴的人數，2000年為150,795人，2004年為139,454人，到2007年時突破20萬人，並逐年攀升至2008年的231,813人，直到2014年為219,121人，2016年為235,549人，13年來平均為192,867人。進一步分析各項罪名情形，以2014年為例，其中以「不能安全駕駛」罪名高達69,605人為最多，其次為毒品罪名的37,779人，再依序為竊盜罪名的23,713人；再以2016年為例，其中以「不能安全駕駛」罪名高達59,763人為最多，其次為毒品罪名的50,179人，再依序為竊盜罪名的25,278人。

　　我國新入監受刑人之罪名，1999年以後前五類皆呈現穩定排名，分別是毒品、竊盜、公共危險罪[2]。2007年新入監受刑人中，以違反毒品危害防制條例（毒品罪）10,093人占28.8%最多，其次是竊盜罪6,799人占19.4%，

[1] 黃富源、張平吾（2008），被害者學新論，三民書局。
[2] 周文勇（2004），刑事司法與犯罪控制，文刊於刑事司法-組織、體系與策略，三民書局。

再次為公共危險罪4,043人占11.6%，三者合計59.8%。經由以上統計數據顯示出，我國當前監獄新入監受刑人之三大族群，分別為毒品、竊盜與公共危險罪犯。

　　不能安全駕駛犯罪而入監服刑人數，2000年為952人；2001年，2倍成長，為1,875人；2002年，3倍成長，為3,008人；到2008年時，則已有6,532人之多，將近成長7倍；而2014年「不能安全駕駛」罪名者更上升至9,631人位居第二，僅次於違反毒品危害防制條例（毒品罪）9,681人，相差50人，詳如表14-1、圖14-1、圖14-2；2016年則達9,124人。

表14-1　我國公共危險罪與不能安全駕駛新入監人數統計表

類別 ＼ 年別	2000	2001	2002	2003	2004	2005	2006	2007	2008
矯正機關收容人數	56,676	55,476	56,444	57,429	56,786	60,122	63,226	53,965	63,203
公共危險新入監人數	1,189	2,219	3,371	3,479	2,793	2,882	3,344	4,043	7,138
不能安全駕駛新入監人數	952	1,875	3,008	3,084	2,387	2,445	2,899	3,491	6,532
比例	80%	84%	88%	86%	86%	83%	87%	86%	92%

類別 ＼ 年別	2009	2010	2011	2012	2013	2014	2015	2016	平均
矯正機關收容人數	63,875	65,311	64,864	66,106	64,797	63,452	62,899	62,398	61,002
公共危險新入監人數	6,855	5,377	5,549	6,384	7,585	10,168	10,210	9,770	5,433
不能安全駕駛新入監人數	6,390	4,897	5,019	5,860	7,038	9,631	9,598	9,124	4,955
比例	93%	91.1%	90.4%	91.8%	92.8%	94.7%	94.0%	93.4%	91.2%

資料來源：1. 法務部統計處，2017。
　　　　　2. 作者自行整理。

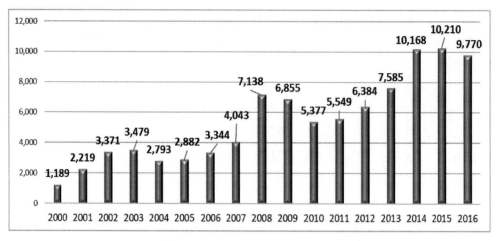

圖14-1　我國公共危險犯罪新入監人數統計圖

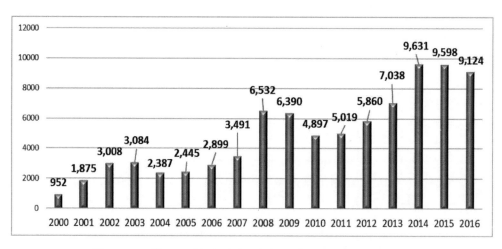

圖14-2　我國不能安全駕駛犯罪新入監人數統計圖

　　一般人對於不能安全駕駛犯罪所造成之危害，往往僅侷限在個人、家庭、大眾之安全。事實上，不能安全駕駛犯罪恐更危及了刑事司法體系之最後一道防線——監獄之安全與管理。監獄原本即非寬敞之處所，近年來，我國一直面臨嚴重的飽和、超收之窘境，例如，2000年時，矯正機關收容人數即已超過5萬人次，56,676人；2005年時，更突破了6萬人次，60,122人；2008年，又增加了3,000人，達到63,203人；2016年，達到66,106人。以美

國為例，Attica監獄（艾迪卡）於1971年發生最嚴重的暴動事件，其中原因之一，正是受刑人過度擁擠所造成，因此，這樣的狀況對於以「安全第一、戒護至上」的獄政管理上，確實會產生嚴重之負面衝擊[3]：

（一）新建、遷建、擴建監獄，將導致政府「財政預算支出增加」

新建、遷建監獄實非易事，猶如蓋核能電廠之困難。在當今政府財政困境之時，預算之籌措，更是雪上加霜。

（二）影響受刑人「基本生活權益」

由於受刑人人數劇增，因而，飲食、工作、衛生、醫療、康樂活動均受到影響。

（三）影響受刑人「處遇措施品質」

獄政管理首重安全，「戒護第一、安全至上」。倘若監獄失去了安全維護，如何能完整地施以各項處遇措施。因此，當監獄產生擁擠困境時，對囚情極為不利，此時獄方為了安全起見，往往會忽略了「處遇措施」，進而影響其品質。

（四）影響受刑人「生理、心理」

研究指出當監獄人數呈現擁擠時，受刑人之暴力行為、自殺行為會增加，並導致許多心理疾病之出現。

（五）增加管教人員工作「負擔與壓力」

我國目前收容人與管理人員比例為15：1，遠不足於美國3：1、韓國5：1。至於收容人與教誨師比例則為380：1，形成「用看的教誨」，成效更是大打折扣。受刑人劇增，進而導致管教人員士氣低落，轉職率升高。

---

[3] 林健陽（2009），犯罪矯正專題研究，中央警察大學。孟維德（2002），Ruiz v. Estelle案對美國德州監獄控制模式影響之研究，警學叢刊，第26卷第5期，中央警察大學。楊士隆、林健陽（2007），犯罪矯正——問題與對策，五南出版社。黃徵男（2007），監獄學，一品出版社。法務部（2017），犯罪狀況及其分析，法務部。

（六）政府實施權宜措施，以紓解監獄擁擠，卻付出無法評估之成本

　　研究指出大幅放寬緩刑、假釋、易科罰金之法定要件，均會影響再犯之情形，以1994年為例，立法院修正放寬有期徒刑之假釋要件為逾三分之一，雖達到紓解監獄擁擠之目的，但社會治安卻也隨後在1995-1997年間不斷惡化。終於在1997年時，立法院則從嚴修正假釋之法定要件，有期徒刑之假釋要件為逾二分之一，累犯為逾三分之二，以達到遏止再犯之目的。

　　美國法院對於受刑人權益之界定，在Ruffin（1871）案件中，法官指出，受刑人是國家的奴隸，受刑人只要能維持生存即可，美國法院對於監獄是採取不插手（Hand-off）的態度。這樣的情勢，直到一項指標性之判例Ruiz v. Estelle（1980），有了很大的轉變，美國法院對於監獄行政是採取介入（Hand-on）的態度。此案之承審法官是Williem Wayne Justice，審理時間，總共長達9年，1972～1980年，159天開庭審理，349位證人出庭，1,565次證據出示，最終，法官Williem Justice判決指出德州矯正局，有六項管理運作，剝奪受刑人應受憲法保障之權益，其中第一項即是過度擁擠（Overcrowding），法官判決禁止一間舍房監禁3位受刑人，同時，必須改善大舍房擁擠狀況。而美國聯邦最高法院在Rhodes v. Chappman（1981）「羅德案件」中則指出：監獄擁擠本身並不違憲，但「整個監獄狀況如果過於惡劣」，將構成殘酷與不尋常的懲罰（Cruel and Unusual Punishment），法院進一步指出，監獄是否違反憲法第8修正案時，考慮的因素，應同時包括：1.管理人員是否足夠；2.舍房空間是否足夠；3.衛生設備；4.醫療照顧；5.飲食；6.工作機會；7.文康設施。[4]

　　「他山之石，可以攻錯」監獄擁擠問題，通常只是許多問題的初始，若不及早提出因應對策，相關衍生的問題，則將層出不窮，如：管教人員之人數是否足夠、管教人員工作負荷、受刑人生心理問題、舍房空間是否足夠、處遇措施品質、衛生環境、醫療品質等。吾人應未雨綢繆，不能待問題發生時，才事後進行檢討，尋求改善之道，恐為時已晚。

---

[4]　林健陽（2009），犯罪矯正專題研究，中央警察大學。孟維德（2002），Ruiz v. Estelle案對美國德州監獄控制模式影響之研究，警學叢刊，第26卷第5期，中央警察大學。

二、酒駕犯罪衝擊「易服社會勞動政策」

2008年12月30立法院三讀通過刑法第41條修正案，並於2009年9月1日正式實施上路之易服社會勞動政策，修訂刑法主要原因之一，即是監獄嚴重超收，截至2009年5月底，我國矯正機關在監所收容人共計65,148人[5]，而公共危險酒駕犯罪則是近年來造成監獄嚴重超收主因之一，如表14-1所示，可見酒駕行為所衍生之各項社會問題，已遠遠超乎吾人之想像，因為，酒駕行為已對刑事司法體系（警察、法院、監獄）造成嚴重之衝擊，甚至影響了我國刑事政策之制定。

實務上公共危險酒駕犯罪者往往是屬於短期自由刑，亦即受6個月以下有期徒刑之宣告，此短期自由刑在刑事政策上，以往即屢遭受各界之討論與評議，其弊端如後[6]：

1. 刑期太短，無法達到教化、矯治功能。
2. 因受刑人大多數為初犯，缺乏自新機會。
3. 刑期太短，缺乏威嚇效果。
4. 受刑人之眷屬，無論在精神或物質上，蒙受打擊。
5. 致使受刑人社會關係中斷破滅，再復歸社會困難。
6. 受刑人進入監獄服刑，產生標籤、烙印、汙名化之負面效應，復歸社會困難。
7. 受刑人進入監獄服刑，易沾染惡習，小偷變大盜。
8. 造成監獄之負擔。
9. 「威嚇無功、教化無效、學好不足、學壞剛好」。

就以上本文論述之多重因素匯聚下，我國立法院終於三讀通過刑法第41條修正案——「易服社會勞動」。略以第41條第1項[7]：「犯最重本刑為五年以下有期徒刑以下之刑之罪，而受六個月以下有期徒刑或拘役之宣告者，得以新臺幣一千元、二千元或三千元折算一日，易科罰金。但易科罰金，難收矯正之效或難以維持法秩序者，不在此限。」第2項：「依前項規定得易

---

[5]　http://www.moj.gov.tw。
[6]　林山田（2005），刑罰學，臺灣商務公司。許福生（2008），刑事政策學，三民書局。
[7]　http://law.moj.gov.tw/，全國法規資料庫。

科罰金而未聲請易科罰金者，得以提供社會勞動六小時折算一日，易服社會勞動。」第3項：「受六個月以下有期徒刑或拘役之宣告，不符第一項易科罰金之規定者，得依前項折算規定，易服社會勞動。」

至於大眾所關心之「數罪併罰，數宣告刑均得易科罰金，而定應執行之刑逾6個月者，是否排除適用同條第1項得易科罰金之爭點？」因為，現行刑法第41條第2項之原本立法理由，認數宣告刑均得易科罰金，而定應執行之刑逾有期徒刑6個月時，如仍准易科罰金，恐有鼓勵犯罪之嫌。惟2009年6月19日，司法院大法官會議第662號作成解釋[8]，則清楚的說明，刑法第41條第2項，關於數罪併罰，數宣告刑均得易科罰金，然而定應執行之刑卻是逾6個月者，大法官會議認為：「仍不能被排除適用同條第一項得易科罰金之規定。」易言之，數罪併罰，數宣告刑均得易科罰金，而定應執行之刑逾6個月者，仍可適用易服社會勞動，否則，即違反憲法第23條之規定——以徒刑拘束人民身體之自由，是遏止犯罪之不得已手段，對於犯罪之遏止，若能以較輕之處罰手段，即可達成目的，則國家無須動用較為嚴厲之處罰手段，此為憲法第23條規定之精神[9]。

易服社會勞動政策是屬於社區性犯罪矯正（Community Correction）之運用方式，社區性犯罪矯正在國外已行之多年，同時，一直被視為是有效矯治犯罪人與疏減監獄擁擠方式之一，此對於我國監獄所面臨的嚴峻超收問題，可提供作為新的解決方案。茲將社區犯罪矯正之優點陳述如後[10]：

1. 將犯罪人置於社區，而非監獄，以利其改過遷善。
2. 使犯罪人能與工作、家庭、社會維持聯繫。
3. 有助於犯罪人整合社會（Reintegration）。
4. 有助於犯罪人復歸社會（Reentry）。
5. 避免監獄化之負面影響。

---

[8]　http://www.judicial.gov.tw/，司法院大法官會議第662號解釋。
[9]　同上註。
[10]　林健陽（2009），犯罪矯正專題研究，中央警察大學。謝文彥（2004），社區犯罪矯治研究，文刊於刑事司法——組織、體系與策略。鄧煌發（2008a），以社區為基礎之犯罪預防策略之初探，中央警察大學。蔡德輝、鄧煌發（2007），社區犯罪矯正處遇之發展與未來趨勢，文刊於犯罪矯正——問題與對策，五南出版社。林茂榮、楊士隆（2007），監獄學——犯罪矯正原理與實務，五南出版社。黃徵男（2007），監獄學，一品出版社。Paternoster & Bachman (2001), Explaining crime over the life course.

6. 降低再犯之可能性。

7. 節省監禁之費用。

8. 疏減監獄之擁擠。

早期的刑事政策，強調的犯罪控制策略是「應報、威嚇」，今日則為「矯治」。過去強調監禁措施，現在多元化運用「緩起訴、易科罰金、緩刑、假釋」等方式，強調的是一種轉向（Diversion）制度[11]。1950年至1970年，美國的犯罪不斷上升，引發全民的危機感，各方無不致力於犯罪之研究，1965年詹森總統向全美民眾提出War on Crimes，為了有效打擊犯罪，1980年，雷根總統實施許多嚴厲之刑事法律，同一時間，美國的監獄變成了一個只是執行「公平、公正與應報」之處所[12]。然而，這樣的刑事政策卻為監獄帶來前所未有之沉重負擔，嚴重的超收受刑人，已引發監獄嚴重的危機。美國自1970年代開始，其監禁率較前增加5倍之多，美國成為世界監禁率最高的國家[13]。但原本寬鬆的社區犯罪矯正措施，卻又令民眾不安心，遂發展出中間性懲罰措施（Intermediate Sanctions），包括自宅監禁（Home Confiment）、電子監控（Electroninc Monitoring）、密集性觀護（Intensive Probation）等措施，以疏減監獄之擁擠[14]。反觀我國因公共危險酒駕犯罪上升，而造成監獄之擁擠問題（如表14-1所示），2008年12月30立法院三讀通過的刑法第41條修正案，代表我國亦是採取轉向（Diversion）制度，易言之，對於輕微之犯罪者，儘量給予自新之機會，非必要勿使其進入矯治機構。

---

[11] 謝文彥（2004），社區犯罪矯治研究，文刊於刑事司法-組織、體系與策略，三民書局。

[12] 林健陽（2009），犯罪矯正專題研究，中央警察大學。

[13] 鄧煌發（2008b），完形犯罪預防理論架構之探討與評析，中央警察大學。

[14] 林健陽（2009），犯罪矯正專題研究，中央警察大學。鄧煌發（2008a），以社區為基礎之犯罪預防策略之初探，中央警察大學。蔡德輝、鄧煌發（2007），社區犯罪矯正處遇之發展與未來趨勢，文刊於犯罪矯正——問題與對策。蔡德輝、鄧煌發（2007）。社區犯罪矯正處遇之發展與未來趨勢。文刊於犯罪矯正——問題與對策，五南出版社，頁395-418。謝文彥（2004），社區犯罪矯治研究，文刊於刑事司法——組織、體系與策略，三民書局。林茂榮、楊士隆（2007），監獄學——犯罪矯正原理與實務，五南出版社。黃徵男（2007），監獄學，一品出版社。

茲將「易服社會勞動政策」之優點說明如後[15]：

1. 避免入獄執行：易服社會勞動政策，是將犯罪人置於社會社區之中。
2. 減少犯罪負面拉力：學者曾指出對犯罪人最大的懲罰，就是必須與其他犯罪人生活在一起。
3. 減少與犯罪人接觸的機會：由於犯罪人未進入監獄，因而減少了與犯罪人接觸的機會。
4. 減少與犯罪人學習的機會：犯罪人是在社會社區之中服務，因而大幅減少了直接與犯罪人學習的機會。
5. 防止減弱非正式社會控制（Informal Social Control）：非正式社會控制包括家庭、學校、同儕、朋友、工作、婚姻等，學者研究均指出，非正式社會控制是避免個體犯罪之重要力量來源，然一旦進入監獄，個體則失去了非正式社會控制，將嚴重影響其犯罪行為之發生。
6. 防止中斷求學：學校是非正式社會控制之重要一環，在Travis Hirschi所提出的Social Bonding Theory中，強調個體依附學校（Commitment School）的重要性，易言之，若能繼續維持個體之求學過程，即可維持非正式社會控制力量，而防止犯罪。
7. 防止失去工作：工作則是非正式社會控制之另一項重要因素，不論是1969年Social Bonding Theory，亦或是1993年Laub與Sampson的Age-Graded Informal Social Control Theory，皆強調工作對於防止犯罪發生之重要性。因此，易服社會勞動可以使個體繼續維持現有之工作，而避免非正式社會控制力量之喪失。
8. 有助於犯罪人成功復歸社會：由於犯罪人是在社會社區之中，執行社會勞動，未脫離正常社會，因此，較能成功地復歸社會。

---

[15] 林健陽（2009），犯罪矯正專題研究，中央警察大學。楊士隆、林健陽（2007），犯罪矯正——問題與對策。林茂榮、楊士隆（2007），監獄學——犯罪矯正原理與實務，五南出版社。黃徵男（2007），監獄學。許春金（2007），犯罪學，三民書局。黃富源、范國勇、張平吾（2007），犯罪學概論，三民書局。Paternoster & Bachman (2001), Explaining Crime over the Life Course.

9. 易服社會勞動，可以補償社會：由於社會勞動的服務對象範圍包括甚廣：政府機關、學校、行政法人、公益團體或社區等範疇。因此，藉由此方式可使犯罪人在社會勞動過程中，發揮具有補償社會之作用。

10. 易服社會勞動，讓受刑人從消費者變成生產者：監獄受刑人一直給外界許多負面之觀感，包括以納稅人之錢來負擔監所費用。易服社會勞動可以使受刑人從消費者變成生產者，並改變此等負面之觀感。

11. 紓緩監獄擁擠：以2008年度為例，全部受刑人約19.8萬人，其中6個月短期刑犯人達8.6萬人。2014年時，全部受刑人約18.8萬人，其中6個月短期刑犯人則高達12.5萬人，遠超過半數以上。因此，易服社會勞動政策，結合社區勞動的概念，有助疏解目前監獄人滿為患的問題。

12. 節省矯正費用：監獄之各項處遇執行措施所費不貲，如能有效地減少受刑人在監服刑方式，改為社區犯罪矯正處遇之模式，除具有以上所論述之功能外，當能有效地節省監獄各項矯正費用，對於政府財政吃緊之窘境，無疑是雪中送炭，具有正面之功效。

13. 避免不公平：過去刑法第41條規定：「犯最重本刑為五年以下有期徒刑之罪而受六月以下有期徒刑、拘役之宣告者，可以易科罰金。」[16]惟近年來，由於民眾貧富差異過大，造成無錢易科罰金者，只能入監服刑的不公平現象。實施易服社會勞動政策，即可改善此不公平之社會狀況。

警政、法院（檢察官、法官）與矯正機關所形成的刑事司法體系是政府控制犯罪之主要機構，面對酒駕之防制任務，毫無疑問地，警政單位當然是站在刑事司法體系之第一線。警政署為了展現公權力，要求各單位組成專案辦理酒駕之取締工作，並祭出重獎重懲、定期檢討改進，各警察單位多年來第一線執勤辛苦的執法努力與成果，早已為社會大眾所肯定，這也是全體

---

[16] http://law.moj.gov.tw/，全國法規資料庫。

警察同仁引以爲榮的績效[17]。再觀我國公共危險罪酒駕犯罪新入監人數之趨勢，顯然地，公共危險酒駕犯罪行爲，已成爲我國一項新興的嚴重犯罪課題。

參、刑法第185條之3實施與酒駕肇事之分析

　　針對酒駕肇事造成人民生命的隕歿及身體重度傷害與財產之損失問題之嚴重性，立法機關在1999年3月30日三讀通過將酒駕行爲納入刑法公共危險罪章規範。若以該年爲分界探究（刑法第185條之3實施）：A1類交通事故[18]案件中肇因爲酒駕行爲者，1995-1998年，平均每年約發生306件，造成343人死亡；1999年刑法第185條之3實施當年，發生261件，造成266人死亡；2000-2016年，平均每年約發生456件，造成483人死亡；而1995-2016年之平均死亡情形，每年約發生366件，造成376人死亡。不論是刑法第185條之3實施前，或前後至今累計22年間之酒駕死亡車禍平均件數與平均死亡人數，均遠低於刑法第185條之3實施後之酒駕死亡車禍平均數值。

　　1999年酒駕行爲納入刑法公共危險罪章規範正式實施後，因酒駕肇事造成之傷亡情形，卻似有更加嚴重的趨勢，這是一項重要的研究議題，實無法抹煞其重要性。

　　如以A1及A2事故綜合分析2000-2016年我國酒駕發生之肇事件數、死亡人數及受傷人數。本文發現在這17年間，酒駕死亡與受傷車禍，平均每1年發生約8,024件，酒駕更造成399人不幸死亡，此外還有11,906人受傷。換言之，我國平均每一天就有22件酒駕肇事案件發生，更造成每日1.1人死亡，以及32.6人受傷之交通事故悲劇，顯見酒駕問題值得大眾共同關注。

　　進一步探究後發現：酒駕肇事件數自2000年的4,322件，至2007年的9,888件，躍2.2倍之成長幅度；死亡人數亦自2000年的356人一路攀升至2006年的727人、2007年的576人，2倍之漲幅；同樣地，受傷人數亦自2000年的5,824人一路攀升至2004年的9,738人，至2007年更破萬，計有12,199

---

[17] 張文菘（2008），公共危險酒駕實務之探討，2008年行政警察實務與學術研討會論文集，臺灣警察專科學校。

[18] A1類交通事故案件係指：造成人員當場或24小時內死亡之交通事故。

人，是2000年的2倍以上之幅度；2010年時更突破萬件達10,998件，死亡人數419人，受傷人數13,520人；2011年再上升爲11,673件，死亡人數439人，受傷人14,281人；2014年降爲7,513件，死亡人數169人，受傷人數9,214人；2016年降爲5,695件，死亡人數102人，受傷人數6,993人。

　　足見酒駕問題衍生出許多的社會衝擊，而各級政府推出之多項措施，似乎未能從數字中見著防制效果。「開車不喝酒、酒後不開車」，看似一句連小朋友都會朗朗上口的一句話，但卻是國人生命與財產防禦戰中漫長的一條路。

肆、酒駕犯罪法制對策之分析

　　面對酒駕公共危險犯罪所產生日益嚴重的傷亡問題，我國從1997年首次加重道路交通管理處罰條例的罰責，然而無法產生遏止作用。1999年4月21日，我國首度以犯罪化的手段來處理酒駕行爲，增訂「刑法第185條之3」。但遏阻酒駕的成效顯然不佳，立法院於2001年再次加重道路交通管理處罰條例的罰責，而且一改以往不論酒精濃度值爲何，罰責一律統一的處罰模式，易言之，酒精濃度越高，罰責越高。在多次修正法案中，同時也一併加重吊扣、吊銷駕駛執照與強制移置保管車輛等手段。最後，立法院於2008年再次加重刑法第185條之3之處罰規定。凡此策略之用意無非是藉由重罰手段，以達遏止酒駕公共危險犯罪之效果。茲將我國面對如此嚴重的公共危險酒駕犯罪問題時，歷年來立法院所增修訂法律之重點，整理分析臚列於後[19]：

一、1997年

1. 加重罰鍰：由新臺幣2,700元，提升到新臺幣6,000～12,000元。
2. 明定酒駕行爲：應執行吊扣駕駛執照6個月。
3. 明定酒駕肇事致人受傷者：應執行吊扣駕駛執照1年。
4. 加重酒駕重大肇事之處罰：酒駕因而肇事致人重傷或死亡，終身吊

---

[19] 張文菘（2009），交通警察實務。

銷駕駛執照。

二、1999年

1. 首先將酒駕行為予以犯罪化（Criminalization）。
2. 增訂刑法第185條之3，處罰酒駕行為。

三、2001年

1. 加重罰鍰：(1)罰鍰由新臺幣6,000元，提升到新臺幣15,000～60,000元。(2)違規駕駛人之受罰鍰金額，首度改為「隨酒精濃度增加而加重」，詳如表14-2。
2. 加重酒駕行為吊扣駕駛執照之處罰：從吊扣6個月，加倍提高到吊扣1年。
3. 加重酒駕肇事之處罰：酒駕肇事致人受傷者，從吊扣駕照1年，提高到吊扣2年。
4. 明定汽車駕駛人「拒絕」酒精濃度測試之處罰規定：(1)處新臺幣60,000元之最高罰鍰，並吊銷其駕駛執照；(2)如肇事致人重傷或死亡者，終身吊銷其駕駛執照，並不得再考領。

四、2002年

從嚴明定車輛之強制移置規定：1.應「當場移置保管其車輛」；2.不得通知親朋好友將車駛離現場。

五、2005年

1. 加重營業大客車酒駕之處罰：(1)有鑑於大客車係屬大眾運輸系統之一，一旦因酒駕而發生事故，其產生之危害更甚於其他車輛，故從重處罰，以預防酒駕事故之發生；(2)汽車駕駛人駕駛營業大客車有酒駕行為而應受吊扣情形者，改「吊銷」其駕駛執照。
2. 酒駕汽車駕駛人，經裁判確定處以罰金低於本條例第92條第3項所訂最低罰鍰基準規定者，應依本條例裁決繳納不足最低罰鍰之部分。

(1)配合行政罰法一事不二罰的原則：交通違規行為同時受刑法處罰者，不再依道路交通管理處罰條例處以罰款。

(2)但若刑事法院判決的處罰，比行政罰的罰鍰額度低時，還是要補罰差距金額。

六、2008年

修訂加重刑法第185條之3之處罰規定：

1. 從3萬元以下罰金，提升到15萬元以下罰金。

2. 可處有期徒刑、拘役或科或併科15萬元以下罰金。

七、2011年：刑法

修訂加重刑法第185條之3之處罰規定：

1. 酒後不能安全駕駛者，提升到2年以下有期徒刑。罰金則從15萬元以下罰金，提升到20萬元以下罰金。

2. 新增部分：因而致人於死者，處1年以上7年以下有期徒刑；致重傷者，處6月以上5年以下有期徒刑。

八、2012年：道路交通安全規則

修訂第114條第3款之規定：「自中華民國一百零二年一月一日起，未領有駕駛執照、初次領有駕駛執照未滿二年之駕駛人或職業駕駛人駕駛車輛時，飲用酒類或其他類似物後其吐氣所含酒精濃度超過每公升○‧一五毫克或血液中酒精濃度超過百分之○‧○三，不得駕車。」

九、2013年：道路交通管理處罰條例

1. 罰鍰提升到新臺幣15,000～90,000元。

2. 增訂汽車駕駛人於5年內違反第1項規定2次以上者，處新臺幣9萬元罰鍰，並當場移置保管該汽車及吊銷其駕駛執照；如肇事致人重傷或死亡者，吊銷其駕駛執照，並不得再考領。

3. 增訂汽車駕駛人,駕駛汽車行經警察機關設有告示執行第1項測試檢
定之處所,不依指示停車接受稽查,或拒絕接受第1項測試之檢定
者,處新臺幣9萬元罰鍰,並當場移置保管該汽車、吊銷該駕駛執照
及施以道路交通安全講習;如肇事致人重傷或死亡者,吊銷該駕駛
執照,並不得再考領。

十、2013年:刑法

修訂加重刑法第185條之3之處罰規定:

1. 駕駛動力交通工具吐氣所含酒精濃度達每公升0.25毫克或血液中酒精
濃度達0.05%以上,處2年以下有期徒刑,得併科20萬元以下罰金。
2. 因而致人於死者,處3年以上10年以下有期徒刑;致重傷者,處1年
以上7年以下有期徒刑。

十一、2013年:道路交通安全規則

修訂第114條第2款之規定:「飲用酒類或其他類似物後其吐氣所含酒
精濃度達每公升○‧一五毫克或血液中酒精濃度達百分之○‧○三,不得駕
車。」

酒駕原僅是一項單純的交通違規行為,而以行政罰加以處罰。然十多年
來,因酒駕所導致之重大肇事案件,平均一年奪走數百人之寶貴生命,萬人
輕重傷,逐漸引起社會大眾之重視與討論,政府更以積極的立法作為,制定
「刑法第185條之3」,以遏止酒駕行為。茲將我國處罰酒駕行為,歷年來
立法院增修法律之內容重點,整理於表14-2[20]:

---

[20] 張文菘(2009),交通警察實務。

表14-2　我國近年修正道路交通管理處罰條例酒駕處罰之對照表

年別 處罰種類	1997年 修正後	1999年 修正後	2001年 修正後	2005年 修正後	2008年 修正後	2011年 修正後	2013年 修正後
處罰金額	6,000-12,000	6,000-12,000	15,000-60,000	15,000-60,000	15,000-60,000	15,000-60,000	15,000-90,000
吊扣駕照	禁止駕駛並吊扣6個月。因而肇事致人受傷吊扣1年	禁止駕駛並吊扣6個月。因而肇事致人受傷吊扣1年	當場移置保管其車輛並吊扣1年。因而肇事致人受傷吊扣2年	當場移置保管其車輛並吊扣1年。因而肇事致人受傷吊扣2年	當場移置保管其車輛並吊扣1年。因而肇事致人受傷吊扣2年	當場移置保管其車輛並吊扣1年。因而肇事致人受傷吊扣2年	當場移置保管其車輛及吊扣1年。因而肇事致人
吊銷駕照	因而肇事致人重傷或死亡：終身吊銷	因而肇事致人重傷或死亡：終身吊銷	因而肇事致人重傷或死亡：終身吊銷	因而肇事致人重傷或死亡：終身吊銷	因而肇事致人重傷或死亡：終身吊銷	因而肇事致人重傷或死亡：終身吊銷	因而肇事致人重傷或死亡：終身吊銷
拒絕接受測試	視同「酒精濃度過量」駕駛	視同「酒精濃度過量」駕駛	處新臺幣6萬元罰鍰及吊銷駕駛執照3年	處新臺幣6萬元罰鍰及吊銷駕駛執照3年	處新臺幣6萬元罰鍰及吊銷駕駛執照3年	處新臺幣6萬元罰鍰及吊銷駕駛執照3年	處新臺幣9萬元罰鍰，並當場移置保管該汽車及吊銷駕駛執照3年
5年內違反第1項規定2次以上者	—	—	—	—	—	—	處新臺幣9萬元罰鍰，並當場移置保管該汽車及吊銷駕駛執照3年

表14-2 我國近年修正道路交通管理處罰條例酒駕處罰之對照表 (續)

年別 處罰種類	1997年 修正後	1999年 修正後	2001年 修正後	2005年 修正後	2008年 修正後	2011年 修正後	2013年 修正後
行經警察機關設有告示執行第1項測試之處所，不依指示停車接受稽查，或拒絕接受第1項測試之檢定者	—	—	—	—	—	—	處新臺幣9萬元罰鍰，並當場移置保管該汽車、吊銷駕駛執照3年及施以道路交通安全講習
相關處罰條例及刑法規範	汽車駕駛人，無駕駛執照駕駛、酒醉駕駛、吸食毒品或迷幻藥駕駛、行駛或行經人行道或行人穿越道不依規定讓行人優先通行，因而致人受傷或死亡，依法應負刑事責任者，加重其刑至二分之一。(§86 I)	服用毒品、痲醉藥品或其他相類之物，不能安全駕駛動力交通工具而駕駛者，處1年以下有期徒刑、拘役或3萬元以下罰金。(§185-3)	—	配合行政罰法一事不二罰的原則，違規行為同時受刑法處罰時，不再受道路交通管理處罰條例「罰款」處罰，但若法院判刑事的處罰比行政罰的額度低，還是要補罰。	服用毒品、痲醉藥品或其他相類之物，不能安全駕駛動力交通工具而駕駛者，處1年以下有期徒刑、拘役或併科15萬元以下罰金。(§185-3)	服用毒品、痲醉藥品或其他相類之物，不能安全駕駛動力交通工具而駕駛者，處2年以下有期徒刑、拘役或併科20萬元以下罰金。(§185-3)	駕駛動力交通工具而有吐氣所含酒精濃度達每公升0.25毫克或血液中酒精濃度達0.05%以上，處2年以下有期徒刑，得併科20萬元以下罰金。(§185-3)

資料來源：作者自行整理。

伍、結語

一、行政罰方面：近年來，交通部、立法院爲了能抑制酒駕行爲之成長，不斷的修法（道路交通管理處罰條例第35條）以提高法律處罰的嚴屬性，前後達5次之多：包括在罰鍰金額方面之提高、也對於駕駛執照之吊扣時間、吊銷時間從嚴加倍處分。這些防制酒駕之對策，都是藉由古典犯罪學派之思維——威嚇主義（Deterrence）[21]，以求達到抑制酒駕之行爲。我國在這方面的確已做出了最大的努力。

二、刑事罰方面：爲了強烈表達出政府對於這項酒駕行爲議題之嚴重關切，除了加重酒駕行政罰方面的處罰效果外，我國更進一步於1999年3月30日，透過立法院新增「刑法第185條之3」，將酒駕行爲刑罰化，並於2008、2013年分別再次修訂刑法第185條之3加重處罰，最終目的是藉由刑罰之嚴屬性（Severity）以抑制酒駕之行爲。

三、經過本文對於「酒駕犯罪現象與防制對策」進行比較分析後，筆者發現：當前因酒駕行爲引發之交通事故案件件數、死亡、受傷人數，近年來持續攀升。對於一直影響重大刑事政策近幾世紀之古典犯罪學派之思維——威嚇主義（Deterrence），確實是一項值得我們共同持續關注的公共議題。

---

[21] Paternoster & Bachman (2001), Explaining Crime over the Life Course. 黃富源、范國勇、張平吾（2007），犯罪學概論，三民書局。許春金（2007），犯罪學，三民書局。

國家圖書館出版品預行編目資料

論交通事故與交通執法/張文菘著.--初版.--
臺北市:五南圖書出版股份有限公司, 2018.01
面; 公分.

ISBN 978-957-11-9572-8 (平裝)

1.交通法規 2.交通事故 3.論述分析

557.13   107000241

1V22

論交通事故與交通執法

作　者 ― 張文菘(203.7)

發 行 人 ― 楊榮川

總 經 理 ― 楊士清

副總編輯 ― 劉靜芬

責任編輯 ― 張若婕、呂伊真

封面設計 ― 姚孝慈

出 版 者 ― 五南圖書出版股份有限公司

地　　址:106台北市大安區和平東路二段339號4樓

電　　話:(02)2705-5066　傳　　真:(02)2706-6100

網　　址:https://www.wunan.com.tw

電子郵件:wunan@wunan.com.tw

劃撥帳號:01068953

戶　　名:五南圖書出版股份有限公司

法律顧問　林勝安律師事務所　林勝安律師

出版日期　2018年 1 月初版一刷
　　　　　2019年 5 月初版二刷

定　　價　新臺幣420元